葡語國家研究論叢　03
Coleções de Estudos sobre os Países de Língua Portuguesa

葡語國家瞭望 下輯
亞非葡語國家地區篇
Observatório do Mundo Lusófono

柳嘉信、吳玉嫻／主編

巨流圖書公司印行

葡語國家研究論叢 03

葡語國家瞭望（下輯）：
亞非葡語國家地區篇

國家圖書館出版品預行編目（CIP）資料

葡語國家瞭望（下輯）：亞非葡語國家地區篇 /
柳嘉信,吳玉嫻主編. -- 初版. -- 高雄市：巨
流圖書股份有限公司, 2022.12
面 ； 公分. --（葡語國家論叢；3）
ISBN 978-957-732-682-9（平裝）

1.CST:區域研究 2.CST:文集 3.CST:亞洲
4.CST:非洲

730.07   111019748

總　顧　問　葉桂平
主　　　編　柳嘉信、吳玉嫻
責 任 編 輯　李麗娟
封 面 設 計　薛東榮
發　行　人　楊曉華
總　編　輯　蔡國彬
出　　　版　巨流圖書股份有限公司
　　　　　　802019高雄市苓雅區五福一路57號2樓之2
　　　　　　電話：07-2265267
　　　　　　傳眞：07-2233073
　　　　　　e-mail: chuliu@liwen.com.tw
　　　　　　網址：http://www.liwen.com.tw
編　輯　部　100003臺北市中正區重慶南路一段57號10樓之12
　　　　　　電話：02-29229075
　　　　　　傳眞：02-29220464
郵 撥 帳 號　01002323 巨流圖書股份有限公司
　　　　　　購書專線：07-2265267轉236
法 律 顧 問　林廷隆律師
　　　　　　電話：02-29658212
出 版 登 記 證　局版台業字第1045號

ISBN 978-957-732-682-9（平裝）
初版一刷・2022 年 12 月

定價：350 元

叢書系列
總顧問序

澳門城市大學葡語國家研究院自 2017 年起，致力於開展葡語國家區域及國別研究高等研究人才的培養，專注於葡語國家發展與治理、國際關係方面的議題研究。在研究院團隊全體學者齊心協力的辛勤耕耘之下，迄今已經培養了百餘名區域國別研究學科的碩博青年人才，也展現了龐大的葡語國家研究科研能量。

為了更好呈現研究院在葡語國家區域及國別研究人才培養的成果積累，在澳門特別行政區政府教育和青年發展局和教育基金的支持下，本人偕同研究院團隊自 2020 年起，充分結合自身在培養葡語國家國別研究之高等人才的獨特優勢，透過師生共作的方式投入更大的研究能量，將葡語國家當前的重點議題的研究成果以《葡語國家研究叢書系列》學術專著形式產出；除了可厚植研究葡語國家國別研究的學術量能，這些學術成果出版更可彌補當前中文語境中對於葡語國家國別研究相關書籍出版相對之不足。本叢書作為研究院從事葡語國家研究高等研究專才培養的階段性學術成果，並以「葡語國家研究叢書系列」定名，期許研究院未來能持續再接再厲，有更多的青年學者能在師長的指導下，產出更多師生的合作研究成果。

隨著「區域國別學」成為國家一級學科，國別區域研究受到國內高校重視並紛紛設立相關研究基地、研究院、研究中心，發展勢頭令人矚目。國別區域研究屬於新興的「跨學科」研究領域，通過不同學科的理論和方法論在同一學術平台上進行多學科協同，方能將複雜的域外知識體系清楚梳理，拚出一幅關於相關國家或地區的全貌，更有助於促進與全球各區域之間的「民心相通」。當今世界一流的國別區域研究機構，都是針對某一地區或某個國家的跨學科、綜合性研究平台，其成果涉及

許多學科和領域。澳門城市大學葡語國家研究院作為全球迄今唯一開設葡語國家研究高等學位課程的學術機構，一直嚴格遵循國家憲法和特區基本法規範，秉持「愛國愛澳」的精神，服務對葡語國家研究和交流需求，為推動澳門參與「一帶一路」建設、助力中國與葡語國家交往合作貢獻智力，經過多年來的努力，人才培育和學術成果積累已可見到初步的成果，今日諸君手中這本論著即可做為明證。

　　欣見本「葡語國家研究論叢系列」叢書終得順利出版，期許葡語國家研究作為澳門特區一個特色鮮明的區域國別學學科發展方向的同時，研究院師生能持續在此領域秉持做精做深的為學態度，有更多的特色優質成果產出，為這個系列叢書繼續添柴加薪。

葉桂平

澳門城市大學副校長

葡語國家研究院院長、教授、博士

叢書介紹

（代總主編序）

　　國別區域研究（Area Studies）源自世界整體化進程中，各國順應對外交往中的現實需求，而對領域外知識的一種常識性探究和知識體系的構建，開拓了知識創新的新天地。這樣的知識探究，涵蓋面涉及自然地理、風土人情、政治文化和宗教信仰等人類生活的大多數領域，是不同民族和文明互動交流的產物。這種通過互動所產生的知識創新研究，能幫助一個國家從封閉走向開放、從局部走向世界。

　　數百年來，澳門做為中國和全球文化的交融之地，更肩負著東、西方交匯的橋頭堡，與葡語系國家有著特殊而深厚的淵源。基於這樣的歷史淵源，自 1999 年回歸中國以來，澳門便被賦予了肩負著促進中國與葡語國家間關係中的平台功能；除了推動中國和葡語系國家經貿文教等諸多方面的實質關係發展，深化對葡語國家國別研究也成為澳門的一項「顯學」。然而，放眼全球範圍有關葡語國家的學術研究成果，多數仍以葡語、英語或其他外語著述為主，中文著述相對較少，對於廣大華文讀者認識葡語國家形成一定的阻礙，這也成為了催生此套叢書的初衷和濫觴。

　　在葉桂平副校長兼院長的指導下，澳門城市大學葡語國家研究院充分結合自身在培養葡語國家國別研究之高等人才的獨特優勢，透過師生共作的方式投入更大的研究能量，將葡語國家當前的重點議題的研究成果以「葡語國家研究論叢系列專著」學術叢書形式產出；除了可厚植研究葡語國家國別研究的學術量能，上述學術成果出版更可彌補當前全球華文出版界中對於葡語國家國別研究相關書籍相對不足。同時，本叢書作為研究院從事葡語國家研究高等研究專才培養的首部階段性學術成果，並將此階段的成果以「葡語國家研究論叢系列叢書」定名，期許研

究院未來能持續再接再厲，有更多的青年學者能在師長的指導下，呈現更多師生合作的葡語國家區域及國別學術研究成果。

本叢書名為《葡語國家瞭望》，顧名思義，這套叢書的內容圍繞著葡語國家政法、社經、文教、商貿等多元層面，開展進一步的專題研究。在本人與周平博士、吳玉嫻博士兩位同僚先進的共同帶領下，研究院師生共組團隊合力完成，多位研究院博、碩士生參與了以葡語國家為核心的多種跨學科議題的研究，並將相關成果集結成書。叢書以上、中、下三冊的篇幅，分別針對葡萄牙、巴西、亞非葡語國家等三部分為主軸，共同集結成為一個系列叢書；舉凡國家政法、社經、文教、商貿等方面相關議題，以及相關國家與中國的各方面關係進行研析。青年學者們的功底誠然尚在積蓄階段，但對於新興學科所抱持的研究熱情，卻是讓人感動且興起呵護之情；期盼通過《葡語國家瞭望》的出版問世，不但能讓此研究熱情的火苗能激勵更多年輕人投身相關研究的行列，更有助於發揮並提高本澳學界在葡語國家國別研究的影響力，並對於扮演「中國與葡語國家商貿合作服務平台」角色的澳門，提供更多的學術參考。

在這段成書的漫長過程當中，除了有每篇章共同作者在文字上的辛勤耕耘，同時更有中國社會科學研究院江時學教授、淡江大學國際事務學院卓忠宏教授等先進在學術上給予寶貴諮詢及編審協助，特此致以最高的謝忱。楊茁、呂春賀、郭文靜、曹媛媛、宋熹霞、張昕媛等多位編輯團隊成員在不同階段的付出，以及巨流圖書公司李麗娟經理在成書過程給予各方面的諸多協助，也是本叢書問世之際必須提及和致上感謝的。

柳嘉信

「葡語國家瞭望」叢書總主編

澳門城市大學葡語國家研究院助理教授、博士

目次
contents

第 6 章 ‖ 從澳門「土生葡菜」看葡萄牙殖民歷史中的文化擴散作用　*143*

▶▶柳嘉信、陳思樂

Chapter 1

包容性發展理念視角下的
東帝汶社會弱勢群體研究

A Study on Social Vulnerable Groups in East Timor: from the View of Inclusive Development

吳玉嫻、折悅

Yuxian Wu, Yue She

本章提要

　　東帝汶經歷過慘痛的殖民史。東帝汶人民在殘垣斷壁之中建起的獨立政權已經屹立二十年，貧困仍是最主要的問題，重視和扶助社會弱勢群體是東帝汶不可避免的挑戰。本研究將東帝汶社會弱勢群體的艱難現狀及其政府減貧方案結合包容性發展理念分析，發現其形成和存在的原因包括歷史與現實等多方面，並於文末給出建議。本研究採用文獻研究法，觀察法和半結構化訪談等研究方法。本研究對理解東帝汶社會弱勢群體具有重要的作用，希望對學術界對東帝汶弱勢群體的研究領域產生良性影響。

關鍵詞：東帝汶、弱勢群體、包容性發展理念、貧困、不平等

Abstract

　　East Timor went through tragic history of been colonized and occupied. Nowadays, it has been an independent country for 20 years since its establishment. Poverty is the main developing problem, improving the welfare of vulnerable groups is an inevitable challenge. Poverty relief programs and inequality phenomena are taken into consideration from view of inclusive development. Several reasons were found, including history and reality. In the end, suggestions are provided. Observation, semi-structured interview and comparative analysis are the main research methods. This study is of great importance to know about social vulnerable groups in East Timor. Hopefully it will bring benign influences and broaden this specific academic area.

Key Words: East Timor, Vulnerable groups, Inclusive development, Poverty, Inequality

一、前　言

　　東帝汶建國之後致力於宏觀經濟基礎管理，意在實現國家經濟獨立。建國二十年間，東帝汶的國內生產總值在大起大落中曲折前進。建國前的暴亂使之遭到毀滅性打擊，致使經濟基礎薄弱衰退，建國後又經兩次暴動（2004 年、2006 年）造成東帝汶經濟大幅倒退，近半數人民生活在國家貧困線以下，日常生活開支不足 2 美元（UN, 2018）。東帝汶沒有成熟的工業體系，80%的人口生活在農村地區，農村地區 40%的適齡勞動力處於失業狀態（UN, 2018），根據歷屆東帝汶政府制定的《國家發展規劃》，減貧是重點工作內容。但各領域多個問題嚴重阻礙東帝汶社會平等程度的提高。

　　東帝汶的現在以及未來的國民經濟、國家安全、社會治安、教育和醫療體系的完善和恢復，都面臨著巨大的挑戰。改善弱勢群體的生存狀況，可實現社會健康發展，如果弱勢群體可以獲得有保障的充足援助，東帝汶社會也能真正的發展進步。本研究從包容性發展理念的視角出發，摸清東帝汶弱勢群體的生存狀況，並對東帝汶社會弱勢群體的支援專案中存在的問題進行研究，從歷史和現實兩個方面分析東帝汶社會弱勢群體的出現和存續的原因。本研究對東帝汶社會和諧發展和促進減貧目標的達成具有積極的現實意義，豐富我國學界的研究，豐富世界弱勢群體與包容性發展理念。

二、理論基礎

（一）社會弱勢群體

　　在 SAGE 研究方法百科全書中「社會弱勢群體」一詞被兩名專家南茜‧布魯爾（Nancy Brule）和潔西嘉‧J‧埃克斯坦（Jessica J. Eckstein）

（2017）定義為：基於個人內部外部原因導致的處於社會弱勢地位的人群。內在類型指由個人精神狀態脆弱造成其處於社會弱勢地位，外在類型則是指由個人經濟原因造成其處於社會弱勢地位。本研究的研究對象即東帝汶國民中某些由於個人經濟狀況使其處於社會弱勢地位的群體，包括生活在國家貧困線以下的貧困兒童、處於歧視和暴力之下的婦女和殘疾人，經濟和社會地位方面的弱勢，是東帝汶社會弱勢群體需要政府扶持的主要原因。

（二）包容性發展理念及其適用性

包容性發展理念起始於本世紀初期世界銀行首席經濟學家林毅夫的提出的包容性增長。2007 年，亞洲開發銀行提出包容性增長的概念，得到了國際社會的廣泛響應接納。當時中國胡錦濤主席於 2009 年提出包容性發展，2011 年胡錦濤主席在博鰲亞洲論壇正式提出包容性發展的理念，對其含義深入闡述（張春曉，2012）。

雖當前未形成定義，但學界廣泛公認的是，包容性發展的核心內容是平等與協調，強調社會公平，其根本目的是使經濟發展的成果惠及全社會，從而促進社會發展。社會和經濟協調、可持續發展，與單純追求經濟增長相對立，基本的含義是公平合理地分享經濟成果。政府應該永遠是其本國人民實現社會平等，維持正義與平等的保護者。

由此可見，包容性發展理念適用於分析東帝汶的社會發展和進行東帝汶社會弱勢群體研究。東帝汶的社會弱勢群體正處於普遍貧困和多重不平等的困境。鑒於包容性發展理念對改善東帝汶弱勢群體的社會政策有益，也對東帝汶的社會平等和經濟發展提升具有積極意義。

三、文獻綜述

（一）國內外社會弱勢群體研究現狀

海外對於社會弱勢群體的研究起步較早，經多年發展已較爲成熟。

多以專題研究為主，教育、醫療、難民等多個有關生存的研究領域。從多個角度解讀探討不同區域的研究對象所處之情況、原因或對策。

中國學術界關於社會弱勢群體的研究起步較晚，側重弱勢群體的理論研究、弱勢群體的成因及影響，且對世界其他地區弱勢群體的研究尚有不足，無專門針對關於東帝汶的弱勢群體的研究。

俄羅斯學者阿米特·穆克吉（Amit Mukherjee）等人在 2013 年所著《俄羅斯－加強司法途徑：日本可持續發展基金會資助弱勢群體（RUSSIA- Strengthening Access to Justice: A JSDF Grant to Empower Vulnerable Groups）》中，以俄羅斯偏遠農村地區的弱勢群體進行了研究。表明地方政府與非政府組織適當合作，可積極有效促進免費法律援助對社會弱勢群體的影響。查爾·沃爾胡特（Charl Wolhuter）的《向社會弱勢群體提供教育（Provision of education to vulnerable groups in society）》從政治經濟學角度分析，認為經濟不平等是社會不平等問題的根源。

中國部分研究成果應用分析國外的理論來拓寬角度，如鄭玉敏所著的《德沃金的社會弱勢群體保護理論研究》（2008）探討了德沃金自由平等主義理論的特徵與基本原則及其在社會弱勢群體保護中的應用。楚鳳梅所著《關於社會弱勢群體的理論思考》（2006）表明處理好社會弱勢群體問題對於我國建設和發展具有重要意義。劉曉梅等的《日本城市弱勢群體居住福利政策分析》（2014）詳細介紹了對日本對社會弱勢群體的住房支持政策。

（二）關於東帝汶及其社會弱勢群體的研究現狀

世界上最大的連線書目資料庫全球書目資料庫（World Cat）顯示從二十世紀 60 年代至今對東帝汶的研究在時間上較為分散，其出版的高峰期處於東帝汶建國早期，之後逐漸減緩。全世界有關於東帝汶研究的書籍僅有 383 種出版物，大多以東帝汶政治與法律作為研究對象。專門研究東帝汶弱勢群體的著作與之相比非常有限（World Cat, 2020）。

加拿大的派翠克·伯吉斯（Patrick Burgess）在其《東帝汶的弱勢群體與安全：概況（Vulnerable Groups and Security in Timor-Leste: An

Overview）》（2012）中提出東帝汶弱勢群體應包括女性，兒童，以及
殘疾人三類群體，指明歷史是導致當今東帝汶社會問題的根本原因。澳
大利亞的薩拉・尼納（Sara Niner）教授在《當代東帝汶的女性與經濟
（Women and the Economy in Contemporary Timor-Leste）》（2019）中，
從經濟學角度肯定了東帝汶女性對社會和家庭的貢獻，指出東帝汶女性
遭受家庭暴力與社會環境之間的緊密聯繫。東帝汶國家政府及其下屬機
構在日本政府幫助下完成的《2018 東帝汶人口出生登記基線評估》，是
研究東帝汶兒童貧困與營養不良以及教育貧困的重要參考資料。在全國
進行的出生登記資料收集保障了資料的準確性和全面性。但美中不足的
是在時間上具有滯後性。

（三）包容性發展理念國內外研究現狀

我國學界對於包容性發展的研究起於二十一世紀初期，經過十餘年
的應用與探索，包容性發展理念所涉及的學術研究範圍廣，涵蓋經濟、
金融、社會保障等學科範圍。在國內眾多專家學者對包容性發展做出了
闡釋和深度的理論探究，共同之處在於強調公平的重要性。田文富
（2011）《政府對弱勢群體的保護——給予"權利貧困"的分析》表示
社會弱勢群體面臨經濟貧困、權利和機會貧困，以馬太效應分析了權利
貧困對弱勢群體的影響。向德平《包容性發展理念對中國社會政策建構
的啟示》（2012）提出包容性發展對中國社會政策建甌的重要性，強調
公平對中國政策啓示的首位。

在海外學術界，包容性發展理念有兩個主要的研究方向，一方面強
調社會經濟展與自然生態之間的統一；另一方面提倡並輔以政治手段將
保護自然置於國家治理的優先項之中。埃琳娜・德魯諾娃（Elena
Derunova）等（2019）所寫的《農業糧食系統的包容性發展是該地區經
濟可持續增長的動力（Inclusive Development Of The Agri-Food System As
A Driver For Sustainable Growth In The Region's Economy）》，指出包容
性發展是多層面的概念，不僅確保經濟增長，而且旨在解決社會問題。
莫納・A・穆罕默德（Mona A Mohamed）等（2020）所著的《微晶片植

入對殘疾人包容性可持續發展的挑戰（Challenges of Microchip Implantation in People with Disabilities for Inclusive Sustainable Development）》提出了包容性可持續發展，表明殘疾人面臨的最緊迫的問題是獲得法律支持。

　　國際上對於社會弱勢群體的研究內容範圍偏重於經濟學解讀，提出以德沃金理論等為主的研究理論，對於發達國家與欠發達國家皆有涉獵。我國關於弱勢群體研究的總體特點是發展過程的研究豐富，部分結合了馬克思主義，體現了中國特色的社會主義。本文將包容性發展理念與東帝汶社會弱勢群體研究結合，無論是對於包容性發展理念本身，還是對於東帝汶的社會弱勢群體研究，本項研究對於國際國內的學術界皆不失為新的補充。

四、研究過程與發現

（一）東帝汶社會弱勢群體面臨的困境

1. 東帝汶的普遍貧困與不平等的城鄉發展

　　東帝汶是世界上最落後的國家之一，被世界銀行評估為高制度性和社會脆弱國家。東帝汶包括十三個省級行政區，貧困是東帝汶面臨的主要發展問題，貧困現象十分普遍。2012 年 37.4%的人口生活開支每天不到 1.24 美元，68.1%的人口生活在被聯合國開發署定義為「多層面貧困」的地方，個人層面經歷了多重貧困的生活水準（UNDP, 2014）。國內的發展不平衡與權利不平等廣泛存在，城鄉差距即是其體現之一。

東帝汶貧困指數(2001-2014)

- 貧困率（每日人均購買力水平處於1.9美元以下）
- 貧富差距（每日人均購買力水平處於1.9美元以下）

🔊 圖1-1：東帝汶貧困指數（2001-2014）

資料來源：由作者繪製

數據來源：東帝汶國家統計局2014年生活標準調查

　　雖然東帝汶政府出臺了相關政策，緊張局勢得到緩解，但是根據2014年的生活水準調查，2007年生活在國家貧困線上的人口比例為50.4%，2014年為41.8%。用美元來衡量，每人每天的國際貧困線1.90美元（2011年購買力平價）。然而，東帝汶存在著嚴重的城鄉差距：熱鬧而燈火明亮的城市中心商業區（見圖1-2、圖1-3）和周邊地區靜默孤寂的鄉村小路（見圖1-4、圖1-5）截然不同。

🔊 圖1-2：首都帝力市中心商業中心帝
　　汶廣場（Timor Plaza）內部
圖片來源：作者拍攝（當地時間2018年
12月7日，16:34）

🔊 圖1-3：首都帝力市中心商業中心帝
　　汶廣場（Timor Plaza）外部
圖片來源：作者拍攝（當地時間2018年
12月6日，19:14）

⚲ 圖1-4：東帝汶利基薩地區鄉村風貌 1　　⚲ 圖1-5：東帝汶利基薩地區鄉村風貌 2
圖片來源：作者拍攝（當地時間 2018 年　　圖片來源：作者拍攝（當地時間 2018 年
12 月 8 日，12:23）　　　　　　　　　　　12 月 8 日，12:28）

　　農村和偏遠地區的人們仍然生活在高度赤貧中。貧困狀況在全國分布不均，一些偏遠地區比其他鄉村地區更貧窮。政府或正規部門的帶薪雇員是 50%以上最富有家庭的主要職業。在城市地區飲用水和電氣化的普及率約 70%，但農村地區分別只有 43%和 11%（NGTL, 2014）。

　　農業的增長所帶來的減貧效益比製造業或城市服務業的增長帶來的減貧效果壓力要更多。但城市地區的減貧速度是農村地區的四倍，農業勞動者承擔著更高貧困的風險。近 30 萬貧困人口生活在農村，城市地區的窮人不到 5 萬。80%以上的窮人生活在農村地區，農業是其中大部分家庭的主要職業（UN, 2018）。

　　不平等也與城市化程度有關：農村地區的貧困發生率比城市高。東帝汶貧困率最低的地區為帝力和包考兩個中心城市。帝力和包考是兩個最大的中心城市，這兩個地區的貧困發生率約占總人口貧困率的 40%（東帝汶政府，2003）。西部的三個地區（歐庫西、博博納羅和科瓦利馬）擁有 20%的人口，約占窮人的 25%。相比之下，東部三個區（包考、勞滕和維克克）約占全國人口的 25%，但窮人不到其中 20%（東帝汶政府，2003）。

2. 東帝汶女性所面對的不平等困境

(1)東帝汶仍然處於傳統的原始宗法制的男權社會之中，社會規範和文化價值觀影響性別角色，且男性群體對女性的弱勢地位習以為常。女

性是東帝汶傳統男權社會中的「二等公民」，被視爲男性的附屬，扮演著從屬角色。宗教和文化價值觀加強了男性權威，限制了女性的選擇。東帝汶各年齡段人口性別結構較爲對稱，女性是東帝汶社會弱勢群體的重要組成部分。女性也要養家。性別不平等的習俗包括社會上存在的隱形的一夫多妻制和彩禮，以及財產繼承原則。東帝汶女性人口約占人口一半（見圖1-6）。女性面臨著傳統文化理念、宗教和政治壓力，迫使她們接受較低的地位。政府工作人員中女性占比例不足，如警員和公務員中，女性代表比例分別爲 20%和 27%，小學生之中的女性比數字隨著年級的增長和年齡的上升而減少，女性在東帝汶大學生中只占 25%，接受職業技術教育的學生中女性比例也很低（聯合國人權理事會，2002）。

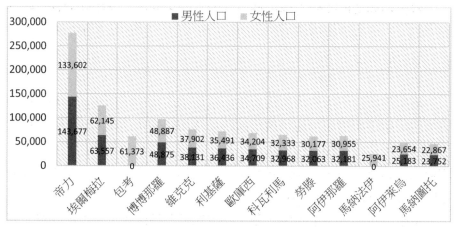

♪ 圖 1-6：東帝汶人口結構（按行政區和性別分布）

資料來源：作者繪製

數據來源：東帝汶 2016 年國民健康調查

　　(2)東帝汶女性遭受來自家庭內外部暴力侵害等一系列不平等的對待（見圖1-7）。暴力侵犯女性是東帝汶根深蒂固的社會問題。出於傳統觀念，家庭暴力常被視為家庭內部問題。從 2002 年 1 月至 8 月底，有記錄的對女性的犯罪案件有 574 起（UN, 2002）。東帝汶政府從 1997 年開始建立現代司法制度，2013 年建立專門的家暴法，並規定所在地政府負責提供保護協助。

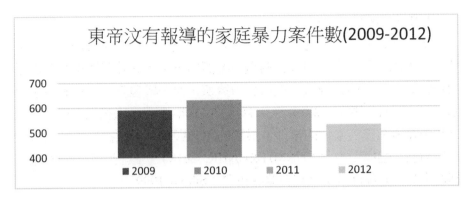

圖 1-7：東帝汶有報道的家庭暴力案件數（2009-2012）

資料來源：作者繪製

數據來源：東帝汶國家政策 2013 年個人脆弱單元

3. 東帝汶殘疾人所面臨的不平等困境

(1)東帝汶殘疾人基本情況。東帝汶建國至今，未通過《國際殘疾人權利公約（De Oliveira & Abraão Guterres, 2017）》，在東帝汶社會傳統觀念中殘疾人是羞恥的存在。東帝汶需要更多的行動保社會弱勢群體免遭人權侵犯。衛生部報告顯示東帝汶大約生活著 48,243 名殘疾人，目前有 2,064 名因精神障礙而接受醫療護理。人口普查表明，該國大約有 13,308 名為精神障礙，有 29,488 名視力障礙者和 17,672 名聽力障礙者。東帝汶至少有 2,241 名無聲。其中有 2,000 名殘疾兒童，即每 100 名兒童中有一名為殘疾人（UNMIT&UNHR, 2018）。殘疾人得不到充分的保護，也沒有將他們納入國家基礎設施的規劃通道中（De Oliveira & Abraão Guterres, 2017）。

(2)東帝汶的殘疾人是身體和語言攻擊的受害者，關於殘疾人的陳舊的歧視性觀念很普遍，將殘疾人稱為異常、非正常、特殊人士（De Oliveira & Abraão Guterres, 2017）。這些針對性的侮辱性稱呼是對殘疾人的排斥和異類化，與包容性發展理念提出的平等精神和關注人的社會價值相反。許多侮辱人身和精神的詞彙用來形容和指代殘疾人群體，例如「Deficiência（殘疾）」一詞僅表示殘疾，而 Aleijadu 通常用來指代具有可見的肢體殘疾。對於智力殘疾人士經常被稱為「Emarak（瘋狂的）」

（UNMIT&UNHR, 2018）。

(3)東帝汶殘疾人社會地位不平等與暴力侵害。與平常身體健全的東帝汶人相比，殘疾人受到侵害的機率要高出不少，而受到性侵和其他暴力侵害的殘疾人因爲身體殘疾或智力殘疾，無法舉報犯罪事實和尋求幫助。聯合國報告顯示，2010 年 4 月至 2011 年 3 月，人權高專辦監測了九起涉嫌強姦殘疾女性的案件。員警的報告顯示罪犯根據身體或精神殘疾的脆弱性選擇受害者（UNMIT&UNHR, 2018）。政府沒有設置專業心理健康員，心理健康不被視為醫療需要（Silove, 1999）。

4. 東帝汶兒童面臨的不平等困境

(1)東帝汶兒童的健康不平等與營養不良。出於經濟原因，大量兒童處於營養不良中，導致兒童發育遲緩和體重偏輕十分常見。營養不良是影響東帝汶人均預期壽命的重要因素。15 歲以下的兒童約占總人口的 40%（UNDP, 2018）。

而東帝汶政府數據顯示，東帝汶兒童面臨諸多問題，其中尤爲突出的是貧窮導致的饑餓和營養不良。雖然政府的減貧政策干預下兒童的貧困率有顯著的下降（如圖 1-8），但營養不良和發育遲緩仍是東帝汶目前最嚴重的健康問題。聯合國調查顯示，東帝汶約 47%的 5 歲以下兒童營養不良。1-2 歲兒童發育遲緩迅速增加，在 3-5 歲達到高峰，近 60%的兒童發育遲緩，約 30-35%的兒童嚴重發育遲緩（UNCF, 2018）。

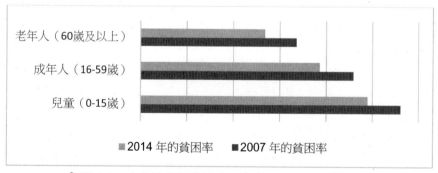

🔊 圖 1-8：東帝汶貧困率按人口年齡分布（2007-2014）

資料來源：作者繪製

數據來源：東帝汶國家統計局

(2)東帝汶兒童處於教育不平等與失學窘境。經濟原因造成了兒童無法正常接受教育。儘管東帝汶政府在所有公立學校提供免費的基礎教育、文具、餐食，但貧困家庭更願意將其子女留在家庭中進行農業勞作，作為生產力來源（見圖 1-9、圖 1-10）。教育部提供給貧困學生補助金，但是實際需求人數遠超過其所能提供的固定人數名額。東帝汶國家政府教育部工作人員表示，家庭經濟貧困是導致東帝汶兒童輟學和女性早婚的主要原因。學生可以申請學校特殊貧困補貼，但名額過少，不足所需。

🔊 圖 1-9：東帝汶利基薩（LIQUIÇA）
地區的鄉村失學兒童
圖片來源：作者拍攝（當地時間 2018年 12 月 8 日，12:20）

🔊 圖 1-10：東帝汶首都帝力（DILI）
市私立學校小學生
圖片來源：作者拍攝（當地時間 2018年 12 月 10 日，13:01）

5. 東帝汶社會弱勢群體不平等困境的綜合分析

包容性發展理念提出的平等和公平原則是促進社會發展與個人發展的重要理念，也是其目標與途徑。個人的平等水準與社會整體的平等水準息息相關。歧視長久存在於東帝汶文化中，違背包容性發展理念，對個人和社會發展帶來了壓力。

東帝汶的弱勢群體是其人口的重要構成。經濟方面的弱勢和權利方面的弱勢是東帝汶社會弱勢群體主要面臨的境況，性別之間社會地位和家庭地位的不平等，健全人和殘疾人之間社會地位的不平等。語言和暴力的表現形式，是最為突出的，其目的是相對強勢的群體迫使相對弱勢

的群體屈服。

　　本研究採取的半結構式訪談（見附錄三）依照大綱靈活進行，涵蓋內容較為全面，對印證和促進本研究的順利進行做出了貢獻。被訪談者東帝汶籍專家阿拉里克・達克斯塔（Alarico da Costa）教授，1983 年生，倫敦政治經濟學院國際關係碩士，葡萄牙米尼奧大學國際關係博士。此位專家具有文化背景資質和專業的學術背景，對本研究表示支持，給出了明確直接的答覆。

　　本文執行了深刻的挖掘，訪談證實了落後的統思想是阻擋和限制社會實現平等的主要原因，經濟貧困是導致兒童處於不平等的困境的主要原因，證實了東帝汶女性被施加多方壓迫剝削。專家認為性別平等是東帝汶的目標，應以經濟進步作為促進社會平等的重要因素。訪談證實東帝汶政府當前扶弱政策存在的問題也是社會弱勢群體存續的原因，得以了解東帝汶政府和人民對國際社會給予支援的感激態度。

　　當今國際競爭日益激烈，而東帝汶國內的發展水準也亟待提高，人民生活水準的提高仰仗國家經濟的發展。而救援畢竟有限，如果東帝汶依靠外援，其國際的話語權將受到影響。東帝汶政府要突破常規，走出適合自己國情的發展道路，才能更加有力的促進社會平等。

（二）東帝汶弱勢群體成因剖析

1. 歷史原因：殖民侵占導致的巨大損失

　　(1)葡萄牙殖民侵占的歷史是導致東帝汶國家經濟基礎薄弱的主要原因，也是弱勢群體產生並長期存在的根本原因。農業是人民的主要生活來源，但因葡萄牙而停滯，也因印尼而損毀慘重，大大降低了抗擊風險的能力。阿拉里克認為，殖民者傷害了東帝汶發展的可能性。

　　(2)印尼的暴力入侵和撤軍前的血腥鎮壓是導致東帝汶社會弱勢群體大量產生的根本原因。印尼撤軍前，東帝汶遭受暴亂，處處是焚毀和屠殺，成了巨大損失。1997-1998 年，東帝汶貧困人口增加到 50%以上，超過 10 萬人死於戰爭、疾病和饑餓，多達 25 萬人淪為難民（Mats Lundahl & Fredrik Sjöholm, 2005）。帝力現存遭遇印尼軍隊大屠殺的遇

難者紀念雕塑（見圖 1-11）。東帝汶農業產量下降了 40%，70%建築物被毀或受損害，95%學校被毀（Joseph Nevins, 2005）。社會混亂，幾乎停止運作。

圖 1-11：帝力市的印尼大屠殺遇難者悼念雕塑

圖片來源：作者拍攝於東帝汶（當地時間 2018 年 12 月 7 日，14:06）

2. 現實原因：社會經濟發展水準與文化觀念落後

(1)東帝汶社會經濟水準落後結構單一。被殖民前長期處於原始社會，外經貿活動處於被動，利用檀香木等自然資源的輸出以換取生活用品和飾品。葡萄牙殖民者完成的公共基建大部分在印尼侵占期間遭到毀滅。印尼的殘暴統治讓東帝汶遭到了毀滅性的破壞，社會秩序難以為繼，以致於獨立後糧食不能自給自足，要進口糧食。

東帝汶國民經濟構成中工業僅占比 10%（澳門貿促局，2020），80%的人口生活在農村地區，基礎設施建設需要進一步加快，東帝汶（2011-2030）國家發展規劃各領域全面鋪開，但成效不明顯。東帝汶以石油為主要的財政收入占 90%以上（見附錄三），石油和天然氣的發現一定程度上推動了經濟增長。東帝汶經貿局工作人員表示，油氣在出口

貿易中排第一位。阿拉里克認爲，隨著東帝汶經濟發展程度提高，東帝汶的社會弱勢群體或許會得到更多經濟發展的紅利。

　　包容性發展理念要求政府做到以人爲本，促進社會平等，讓社會成員分享社會各種資源，平等享有社會經濟進步和發展的紅利，益於包括弱勢群體人民和社會整體環境兩方面的包容性的發展與進步。

　　(2)東帝汶社會文化觀念落後。包容式減貧首先做到觀念平等，包括性別平等，殘疾人與健全人的平等，弱勢群體與非弱勢群體的平等，兒童與成人平等，集體與個體平等。但是東帝汶傳統文化觀念不能匹配其現代社會的發展需要。社會弱勢群體在各方面受限，缺少資訊並且受教育水準低。東帝汶女性的角色將影響東帝汶更多後代的生活。社會對殘疾人的排斥反映出社會經濟發展水準的欠缺。包容性發展理念要求政府爲人民提供公平發展的機會。阿拉里克‧達克斯塔表示，政府應當大力進行保護，譬如以投放電視廣告和收音機廣播等方式促進殘疾人的平權。

3. 現實原因：減貧政策的不足之處

　　(1)東帝汶主要減貧政策預算分配失衡。包容性發展必須做到包容式減貧，包容性發展和包容式減貧超越和豐富了傳統的發展方式和減貧方式。傳統的發展理念和減貧理念未能為社會成員之間提供公平性高瞻。在東帝汶的農村地區，政府計畫在一定程度上改善了人民的生活，使公民直接受益於國家。東帝汶在減貧工作方面取得的明顯成效大部分是由養老金和殘疾人補貼的減貧效果支持起來的。「母親錢包」和退伍軍人的養老金一樣不能覆蓋大約40%的貧困人口的每月低於32美元的生活標準（CAPED, 2019）。

　　根據包容性發展理念，東帝汶政府當前政策未能保障弱勢群體機會平等，其減貧財政分配與實際需求相差甚遠，尚未做到預算合理。針對老年人和殘疾人的支持計劃分配超 3,500 萬美元（RDTL, 2014），而「母親錢包」（Bolsa da Mãe）計劃分配做不到該方案金額的十分之一（世界銀行，2015）。學校供餐方案預算撥款不足降低了方案預期帶來的好處。老年人的養老金有助於降低貧困率，而「母親錢包」的補貼金

和傷殘撫恤金短時間內不會產生重大影響。

(2)東帝汶政府的主要減貧政策監管有失。爲了促進社會平等發展，保障社會弱勢群體的正當權益，包容性發展理念提出和倡導公平、參與與共用三項要義。其中公平是首要原則，制度公平是保障弱勢群體權益的根本手段。違背公平公正原則，會危及社會穩定運行。包容性發展要求個人與社會以及個人與群體之間的人格平等，也要使發展成果普惠所有民眾。

包容性發展理念的公平精神要求政府能夠做到一視同仁。世界銀行的調查顯示受益人的 40%並非貧困（世界銀行，2015）。現階段東帝汶減貧計畫監管乏力有失精準，申請「母親錢包」援助款的條件並不是完全能處於嚴格監管之下的。如果受益人不遵守條件，則不會產生任何後果，必須加強政策的監督，以保護殘疾人免受歧視並保證他們獲得公共服務。

4. 東帝汶社會弱勢群體成因（小結）

從本研究進行的半結構訪談可得知，東帝汶社會長期處於思想落後的狀態，社會弱勢群體所遭受的多重不平等現狀限制其思想自由和精神衛生，威脅其人身健康，影響東帝汶社會的安全和穩定。東帝汶的社會弱勢群體所處的整體貧困與不平等，與其被殖民暴力侵占歷史有關，更與其社會經濟和文化所處的於落後狀態有密切關係。

根據包容性發展理念，政府是主導弱勢群體社會處境改善的主要力量。東帝汶社會弱勢群體面臨的不平等的生存發展困境，需要政府的有力干預，社會對弱勢群體應持接納和包容的態度。另一方面，政府應重點幫扶貧困地區，提升社會弱勢群體人民生活品質。政府應完善分配制度，保障制度執行的徹底性，使經濟收益普惠人民。

（三）東帝汶的社會弱勢群體幫扶計劃

1. 政府主要家庭幫扶計劃「母親錢包（Bolsa da Mãe）」

東帝汶政府從 2002 年建國以來制定了一系列發展策略，其中首要目標即是在東帝汶全國範圍內減少貧困，促進公平和可持續的經濟增長，

提升每個人的健康、教育和福祉。該策略包括一系列宏觀和微觀政策，重要性位列第一的是教育，其預算占據政府年度預算的 15%，與減貧有關的計畫約占預算支出總額的三分之二（世界銀行，2013）。

　　2008 年 3 月啟動「母親錢包」支持弱勢群體家庭。起初僅覆蓋 7,051 個家庭，2015 年「母親錢包」計劃為全國 55,488 戶家庭提供了援助。受益者占東帝汶有子女家庭的 30%。但最多是三個孩子的家庭提供每個孩子每月 5 美元，15 美元是最大額（世界銀行，2015）。「母親錢包」計劃的預算僅占社會援助總預算的 2%。2014 年預算增加到 900 萬美元，除行政費用外，受益者家庭得到現金占總預算的 99%（世界銀行，2015）。2014 年，受益人占有子女的東帝汶家庭的 30%（世界銀行，2015）。2012 年至 2014 年，「母親錢包」計劃的覆蓋範圍粗略估計為 95,000 個有子女的貧困家庭（世界銀行，2015）。阿拉里克教授認為還可進一步擴大受益人口數和增加補貼金額。

　　2. 政府的殘疾人撫卹（Disability Pensions）政策

　　雖然建國以後逐漸趨於和平的國內環境，讓經濟出現了大幅復蘇，2008 年國內生產總值增長了 8%，比起 2006 年國內生產總值增長了 6%，但貧窮和地區經濟發展的不平等現象仍然普遍存在（Isabel Lima, 2011）。東帝汶政府在 2008 年制定了首部現金轉移計劃。方案中第一個是老年人和殘疾人津貼（Universal Old-Age And Disability Pensions），涵蓋東帝汶全國殘疾人和 60 歲以上老年人的普遍撫卹金，所有 60 歲以上的東帝汶公民和 18 歲以上的殘疾人都有資格獲得（Sampaio, Isabel, Menezes & Ana, 2012），其中最大部分資金分配給退役戰士和烈士。

　　殘疾人撫卹政策為 94,287 名東帝汶公民提供了福利，其中 7,313 名殘疾人占目標人口的 18.2%（UNTL&RDTL, 2018）。參加過東帝汶獨立運動的老兵每個月可收到 30 美元的國家援助（UNTL&RDTL, 2018）。社會團結部為由於嚴重殘疾而無法工作的殘疾人進行補貼，但繁雜的手續大幅減緩了獲助率。偏遠地區的殘疾人不便親自去登記，未能申請援助（ABRAÃO, 2017）。

　　包容性發展理念要社會對人包容接納，提高社會成員生活水準。且

根據《殘疾人權利公約》要求簽署國適當提高殘疾人生活水準。包容性發展理念要求社會對其成員的接納和幫扶，減輕社會不穩定風險。東帝汶政府給殘疾人的撫卹金從 2008 年的每月 20 美元增加到 2010 年每月 30 美元，它占全國家庭平均收入的 7.9%。殘疾人的貧困人口從 63.3%降至 45.8%（UNTL&RDTL, 2018）。

3.社會組織扶持弱勢群體的概況

(1)阿羅拉基金會（Fundasaun Alola）及其成果

阿羅拉基金會（Fundasaun Alola）始建於 2001 年，位於首都帝力。經過十餘年的發展，現為東帝汶最大民間公益組織。前第一夫人克絲提・斯沃德・古斯芒（Kirsty Sword Gusmão）女士是創始人兼主席。其目標是提高東帝汶婦女經濟水準，維護東帝汶的婦女和兒童的發展權利，增加受教育程度和提高教育質量，改善健康狀況，提高婦女領導力和政治參與度，加強婦女領導的小企業抗風險能力。其工作及成果有如下：

I.保障和提高東帝汶婦女權利。阿羅拉基金會擔任東帝汶政府婦女事務協調員向政府提出建議開展的「孕產包」計畫，為孕婦提供必需品，派送專業助產人員輔助產婦安全分娩。2016 年總計 1,365 包物資通過社區醫院分發給 390 名母親。五個婦女手工企業家獲得了總計 6,500 美元的支持（Alola, 2018）。

II.提高東帝汶婦女的地區政治參與度。2016 年的地區選舉中，阿羅拉基金會協助 55 名女性候選人參選，阿羅拉基金籌備了合作指導委員會，提供培訓，分享經驗和技能，最終有八名當選為村首領和二名成為小村莊首領（Alola, 2016）。每年進行反思會，成功當選和競選失敗的候選人分享經驗與建議。

III.支持東帝汶教育發展。阿羅拉基金會向各層次學生提供獎學金，為老師提供專業的學習指導，學生的學習進度受到監督以跟進支持。重點關注偏遠地區的單親家庭、孤兒、暴力的倖存者等兒童。2018 年有 240 名不同學段的學生（女：152 名，男：88 名）獲得獎學金，151 名教師獲得了培訓（Alola, 2018）。

(2) 東帝汶的心理社會恢復與發展協會（Recuperação e Desenvolvimento Psicossocial em Timor Leste）及其成果

東帝汶心理社會恢復與發展協會（簡稱 PRADET）成立於 2002 年，是非政府國家組織。與國家政府和國際機構合作，為遭受創傷人士（精神疾病，家庭暴力，弱勢群體和殘障人士）提供心理支持。目標是建立強大而健康的社區，保護和支持最脆弱的人群（PRADET, 2015）。其主要工作及成果有如下：

I.安全屋計劃。這項服務覆蓋 12 個中心城市，旨在為遭受家庭暴力、性侵犯、虐待和遺棄兒童的受害者提供檢查治療，保存證據，緊急住宿，轉接跟進。2016 年，受益者包括全國各地 46 名女性和 79 名男性（PRADET, 2016）。

II.精神健康援助計劃。精神衛生援助方案繼續將重點放在社會心理領域，提供有社會心理障礙的人，以及在教育家庭，社區和其他心理健康方面的支持。此計劃開展與東帝汶衛生部實現了良好合作（PRADET, 2016）。

III.少年司法協助計劃。東帝汶的心理社會恢復與發展協會在貝科拉（Becora）監獄開展了社會心理活動，如個人評估、指導諮詢、瑜伽，職業技能培訓，並便利其家人探監。這些活動惠及 72 名囚犯（31 位青年）（PRADET, 2015）。

IV.監獄探望計劃。該計劃試圖減輕年輕罪犯被囚禁在狹小空間中產生的的心理壓力，還鼓勵家屬探望貝科拉監獄的 38 名年輕囚犯。2016年，囚犯的精神狀態自我評估有了積極改觀（PRADET, 2016）。

4. 政府扶弱計畫成效：人均預期壽命提升和貧困率下降

東帝汶國家政府的減貧行動自實行以來到近年初已見成效，降低了國家貧困程度，2011 年的整體貧困率從 54%降低至 2014 年的 49%（UNDP, 2018）。貧困人口的數量出現了小幅下降。人均預期壽命從2001 年的 60.2 歲增加到 2020 年的 68.3 歲，位列世界第 125 名（世界銀行，2020）。東帝汶兩個主要社會公益組織對社會弱勢群體的扶持工作起到了輔助和配合政府扶持弱勢群體事業的作用，對於東帝汶國家減貧

計劃具有積極的意義。囿於種種社會歷史與現實的原因限制，社會公益組織規模雖小，但對受益人而言其貢獻無可取代。

包容性發展理念強調社會成員共用經濟發展成果，現行減貧計劃在 2008 年初期方案的基礎上已將受益範圍擴大至整個弱勢家庭。「母親錢包」計劃仍具有較大的提升空間。

五、結　語

本研究立足東帝汶社會弱勢群體經濟困難和社會地位不平等的實情，結合包容性發展理念分析，以尋求成因為目的進行了研究。東帝汶正處於國家發展與建設的初期階段，是樹立平等理念的關鍵時期。政府應該加大扶助力度，進行合理評估和監管。

本研究發現東帝汶社會弱勢群體的產生是歷史和現實雙重作用的結果。東帝汶建國以來的貧困現實是對歷史過往的反映，遭受殖民掠奪和粗放管理，經濟財政薄弱，國家面臨著嚴峻的壓力。

弱勢群體是東帝汶人口的重要構成。包容性發展理念作爲先進的社會發展理念，有益於東帝汶社會經濟和人的協調發展，其倡導的公平理念正是東帝汶政府在制定減貧政策與計畫預算時，應該一直秉持的指導性原則，也應當是東帝汶的減貧目標。東帝汶當前普遍貧困與不平等的城鄉發展，社會弱勢群體正處於性別不平等、暴力侵害、經濟貧困的窘境，與歧視與包容性發展理念倡導的精神不相符。人民需要發展，不僅是維持生存。東帝汶自然環境貧瘠，農業缺乏支持，仍然需針對性救助。從東帝汶的歷史過往和當今的發展水準，以及社會弱勢群體的困境實情出發，本研究在訪談中所呈現的描述性分析是對東帝汶社會弱勢群體貧困和不平等現狀的高度濃縮，專家陳述具有代表性，具有學術和人文背景。東帝汶政府應堅持致力於提高社會平等程度。

歷史和現實雙重原因造成東帝汶社會弱勢群體處境艱難。故在包容性發展理論指導下給出以下建議：

一，東帝汶政府是減貧事業和社會平等的推動者，需要做出合理規

劃，建立全面的弱勢群體保障體系，可加大減貧計畫的投資力度，適度增加減貧預算在國民經濟收入中占比重的幅度，提高監管，準確定位弱勢群體人群，根據其減貧需求進行方案適配。

二，根據包容性發展理念，政府應該以全方位多角度的人性化關懷和經濟救援並行，消除對社會弱勢群體的歧視。引導國民樹立平等觀念，實現東帝汶社會對其弱勢群體成員的包容和接納，重視社會弱勢群體的訴求，保護其人格尊嚴，提高弱勢群體對社會的參與度，皆為東帝汶政府應提升社會包容度的手段。

三，東帝汶國家政府應該大力發展社會經濟，為社會弱勢群體創造就業機會，提供有針對性的就業培訓，開闢經濟收入，以此提高弱勢群體的社會參與度、自我接納水平和生活幸福感。

四，為了有效地提高東帝汶弱勢群體生存狀況，政府須積極承擔維護社會弱勢群體權益的社會使命，提高東帝汶社會弱勢群體的社會地位並增加社會福利，保護社會弱勢群體的合法權益，逐步改善公共服務，擴大減貧計畫覆蓋面，逐步提高社會平等水準。

在東帝汶的傳說中，有個小男孩拯救了一條奄奄一息的小鱷魚，小鱷魚長大以後帶著小男孩周遊了世界。鱷魚死去前化身變成島嶼，供男孩和他的後代居住。這個島就是現在的帝汶島（安樸，2012）。這片土地曾多災多難，堅強勇敢的人民打敗了侵略者，終於建立了屬於自己的國家。但是前行之路道阻且長，東帝汶居民的預期壽命直到 2016 年才趕上世界平均水準。

包容性發展的核心是以人為本，反對一切社會歧視和排斥主義，提倡性別平等，健全人和殘疾人平等，提升個人與社會的經濟互動活躍性和心理接納度，促進個人與社會之間相互融合。促進人本身的發展是促進社會發展的重要途徑，社會發展的最終目的也是促進人的發展。立足當下，東帝汶扶弱脫貧的事業並非可以一蹴而就。若東帝汶政府與人民團結一心，秉持包容性發展理念，保護弱勢群體，堅持公平正義，強化協調發展，加強各部門協調健康發展，促進經濟穩步運行普惠民眾。世人有理由相信，經過不懈的努力，東帝汶會迎來更美好的明天。

附錄一：半結構化訪談提綱

1. 目的：把握和深入挖掘東帝汶社會弱勢群體現況及其政府現行扶持政策，並解決研究過程中的語言障礙和資料收集難題，同時了解專家見解，特此設計半結構化訪談作為研究方法。

2. 設計：本訪談尊重東帝汶國家政府和東帝汶弱勢群體人民。本訪談的問題具有開放性，進程中注重靈活應變。訪談對象的學術背景及文化背景對本研究具有較高的適宜性和專業性保障。

3. 依據：為保障客觀性、科學性和真實性，本訪談圍繞研究目標，根據適應性、適量性、針對性和非重疊性原則制定並執行。

4. 被訪談者：阿拉里克·達克斯塔（Alarico da Costa）教授，1983 年生，東帝汶帝力人。獲倫敦政治經濟學院碩士、葡萄牙米尼奧大學博士。兩次連續獲得東帝汶國家留學生獎，多年從事國際關係研究，現任東帝汶國立大學歷史文化學院教授、副院長。

5. 細則：訪談者與紀錄者皆為本論文作者（訪談中以外文名 Amélia 出現），被訪者阿拉里克·達克斯塔教授應邀出席並發表見解。時間約 60 分鐘，內容已得到被訪談者的同意公布，訪談圍繞核心問題進行開放性提問。

6. 時間：2020 年 3 月 10 日　　　地點：葡萄牙布拉加市

7. 問題（包括但不限於以下）：

    (1)東帝汶社會弱勢群體的困境及與之相關的延伸問題

    (2)專家對改善東帝汶社會弱勢群體困境的建議

    (3)專家對東帝汶政府現行的扶弱政策提出的建議

    (4)專家對東帝汶政府對社會弱勢群體的扶持政策的評價

    (5)專家對東帝汶社會文化對社會弱勢群體的限制的評價

附錄二：半結構化訪談訪談選錄

Amélia: So, Dr. Alarico, may I ask you questions about social vulnerable groups in East Timor? Including women, children and people with disabilities.

Alarico da Costa: Yes, I will tell you everything I know. Mostly, social vulnerable groups are women and children. From view of economic, they have limited access to work and study. They are always difficult to get money for life. Especially orphans, they do not have money for school.

Amélia: But public schools are free.

Alarico da Costa: It's another thing link with culture and economy situation, people choose to maintain their kids stay at home and work for family farming and housework. This happens more to girls. It's normal in Timor-Leste that there are seven or six kids in one family. Though our government offered a certain number of subsidies to poor students, they are far from enough.

Amélia: How do you make comment on donations from abroad?

Alarico da Costa: In general, our government and people appreciate these assistances, especially our government. Other assistance never arrive to poor people, because the management organization are so difficult to get them all (these resources). Otherwise they go to other people who doesn't need them. These accesses are difficult, but the government are still trying. The government make assessment to make sure those people who receive them are really in need of them. It's very important.

Amélia: About gender equality?

Alarico da Costa: It's something about our old culture. Because of culture, the gender definition doesn't allow the law. Like mostly women don't go to school, they stay at home. The preference of male gender in East Timor's culture requires our society to opportunities and privilege to men. Women are always paid less than men, because of traditional culture of East Timor. In the government, there are always more men than women.

Amélia: Why?

Alarico da Costa: To make sure man has power, the resilience, brilliance, our culture takes the view that man is always stronger and traditionally, they are supposed to keep more power than women. Something like that, and the people at the domination have the sense of control, it's just like we are in the past years of some developed countries. Also, women are paid less than man, it's written in law as well as required by old tradition. If man and women are in a meeting, women could just listen to man and follow what they said.

Amélia: Will you put any effort into enhancing gender equality of East Timor?

Alarico da Costa: Yes, I have in my consideration. Cause we have gender studies of gender equalities issue in my department. Gender discrimination between man and women started since people were kids, even in the family. Boys and man are always treated much better.

Amélia: What is the key solution to improve gender equality?

Alarico da Costa: Law making by government, government need to allow women join the society with more freedom. And have a campaign with other countries on gender equality, like Philippines did. Government could make a reform, there's no more other ways. East Timor is a democratic country, man and women should be equal.

Amélia: Do you take economic development as a factor to improve gender equality in East Timor?

Alarico da Costa: Yes, but that takes long time. We still have a lot to deal with. We are a very small and poor country. We need time to develop our economy, our politic leaders are trying to close the gap. This only could be improved by economic progress. Our oil is contributing to education, government offers scholarship to excellent students who is poor to continue their study. A main program is still Bolsa da mae which face to the whole country to the vulnerable groups. Government has to take the responsibility cause there's no other way. It's the main method. Our government offered more cash to them than they spend on women and kid. Their pension made contribution to the whole family economy status. Government is a strong power in offering financial assistance, there are some non-profit organization are doing Rehabilitation training and psychological counseling for the disabled people. But out of our capital Dili, it's hard to get such help in the far rural areas. Because of the inconvenience made by poor transportation. Back to past, they did take our abundant natural resources for their global trade and for their own economic interest. Colonization by Portuguese and occupation by Indonesian troops brought our country more harm than profit. All in all, at least Portuguese people built a lot of infrastructures there, but Indonesian troops almost destroyed them all.

Amélia: From view of state governance, what do you think will help lessen discrimination on disabled people?

Alarico da Costa: TV, radio, Internet will help people know the law, radio has a great advantage, especially to those low literacy ones who cannot read in countryside. As you already experienced our internet in Dili, it's not something everybody has in city, not to mention in the countryside, neither TV. In East Timor it's like they believe local religion, the religion said disabled people are sinners in the last life that's why their disability is made by god. Mostly in Dili, in the capital, people can get access easier. A campaign in national wide may help discrimination dismiss. Also, it's easier to announce to whole country from the capital.

Amélia: Thank you very much for your time, your help is important to my studies no matter in current time or in the future.

Alarico da Costa: You' re very welcome, if you have more to ask, send me a message on WhatsApp or write to my email.

附錄三：與東帝汶國家貿易與投資局及教育部訪談記錄整理

1. 與東帝汶國家貿易與投資局工作人員的訪談
時間：當地時間 2018 年 12 月 13 日 8:20a.m.
地點：東帝汶首都帝力市
主訪談者及記錄者：本文作者
被訪談者：克莉絲提娜‧桑圖斯（Cristina Santos）（圖 1-12 右二）
所在單位與職位：東帝汶國家貿易與投資局 主任
訪談目的：了解東帝汶經濟和「一帶一路」倡議在東情況
訪談背景：執行澳門城市大學與澳門基金會科研計畫，實地考察中國
　　　　　「一帶一路」倡議在東帝汶的進展和其他方面的合作潛力

🔊 圖 1-12：與東帝汶貿易與投資局主任進行的訪談
圖片來源：作者（當地時間 2018 年 12 月 13 日 8:20a.m）

　　在東帝汶，我們與澳門論壇緊密協作，這也是我本人負責的工作。
一帶一路，是一個綠色健康的倡議，在我們東帝汶有專門的對接方。我
們歡迎中方來投資，我們重視與中國之間的對話與互信，我們視中國為
老朋友，這與我從事的職業是一致的。在中國上海、北京、澳門，我們
合作的模式是 G to B，即政府對企業。我們的出口貿易中油氣排第一，
大約占比 90%以上，第二是熱帶經濟作物。我們歡迎任何經濟方面的投

資，包括漁業、農業、林業，和基礎設施建設，我們支援一切國外直接
投資的協助與諮詢的服務，現在與東南亞是我們的主要合作區。我們與
澳門論壇建立了合作計劃，不同的部門對應不同的計畫。我們收到中方
的財政援助建立住所，學校，商業設施，大約 6 千萬美元。我們有專門
的資料庫，記錄東帝汶與各國的貿易資料。一帶一路與東帝汶本身的需
求相關，近年經濟發展頗多，之前的港口不夠用，建設了最新的帝汶港。

2. 與東帝汶國家教育部工作人員的訪談
時間：當地時間 2018 年 12 月 13 日 9:20a.m.
地點：東帝汶首都帝力市，東帝汶國家政府大樓
主訪談者及記錄者：本文作者
被訪談者：黛比‧卡茲曼（Debbie Katzman）（圖 1-13 中）
所在部門與職位：東帝汶國家教育部職員，部長顧問
訪談目的：了解東帝汶教育基本情況
訪談背景：執行澳門城市大學與澳門基金會科研計畫，實地考察中國
　　　　　「一帶一路」倡議在東帝汶的進展和其他方面的合作潛力

🔊 圖 1-13：與東帝汶教育部工作人員進行的訪談
圖片來源：作者（當地時間 2018 年 12 月 13 日 9:20a.m）

　　公立學校免學費，設施陳舊。私立學校的學費大約平均每學期是 60
美元。政府有相關的計劃為公立學校更新設施，有專門的財政預算。在

農村接收教育比在城市的花銷要少，但帝力有更多的學校、優質的教育。學生在公立學校吃飯免費，包括小學和幼稚園，我們對每個學生每個月都有補貼，包括現金和文具。我們與社會福利部有合作計畫，家庭經濟貧困是導致東帝汶兒童輟學和女性早婚的主要原因，教育部對特困學生提供全面補助金，但是需要這項補助的學生人數非常多，實際需要人數超過可支出補助資金的筆數，我們努力使這筆資金發揮更大的作用。農村地區接觸教育的機會要更少，資訊也更少。學校和學生普遍缺乏書籍教材，澳大利亞和荷蘭提供了很多學前班的書籍。葡萄牙有專門的扶貧計畫，捐贈過很多閱讀材料。學前教育書籍的另一個主要捐助國是紐西蘭，因為在地理位置更近些。高等教育援助，多數是來自國際方面。聯合國和聯合國兒童基金會捐贈過許多的教育基礎設施，比如傢俱一類的東西。在高等教育方面國際援助的接收，主要來源於澳大利亞葡萄牙和其他周邊島國比如菲律賓和印尼他們以支持高等教育的方式，推動東帝汶的社會發展。

參考文獻

中華人民共和國外交部（2020）。東帝汶國家概況。

王新建、童雲（2015）。論"包容性綠色發展"理念概念的生成。福建金融管理幹部學院學報，2，31-37。

王漢林（2011）。"包容性發展"的社會學解讀。科學·經濟·社會，29，83-86。

王豪偉（2019）。從"正義"視角談對社會弱勢群體保護的必要性。哈爾濱職業技術學院學報，5，92-95。

王瀟（2016）。新型城鎮化背景下基於包容性發展視域的農村社會管理創新全景模型的構建。西北人口，374，82-87。

史嵩宇（2016）。美國弱勢群體權利保護的經驗與啟示。行政管理改革，30(4)，69-73。

田文富（2011）。包容發展中的社會弱勢群體權利貧困問題研究。延邊大學學報（社會科學版），44(5)，51-54。

伍曉斌（2006）。和諧社會視角下構築弱勢群體支持體系研究。未出版碩士學位論文，湖南大學，長沙。

安樸（2012）。檀香與鱷魚：走進東帝汶。成都：四川大學出版社。

周青、王俊（2008）。社會弱勢群體權利法律保護體系構建。北京政法職業學院學報，3，61-67。

施春花（2009）。"弱勢群體"的理論梳理。科教文匯，2，228。

商務部（2019）。對外投資合作國別（地區）指南－東帝汶。中華人民共和國商務部，北京。

楊愛傑、楊瑞（2013）。論社會基層治理的包容性發展思路。學術論壇，8，34-36。

楊煉（2012）。和諧社會背景下社會弱勢群體利益表達機制現狀分析及路徑選擇。蘭州學刊，10，90-93。

楚鳳梅（2006）。關於社會弱勢群體的理論思考。山西高等學校社會科學學報，18，11。

劉莉萍（2013）。論包容性發展理念下的社會弱勢群體政策關懷。晉中學院學

報，5，8-11。

劉曉梅、西萌、劉傑（2014）。日本城市弱勢群體居住福利政策分析。長春大學學報，11，1483-1486。

鄭玉敏（2008）。德沃金的社會弱勢群體保護理論研究。遼寧大學學報（哲學社會科學版），36(6)，152-156。

澳門貿易投資促進局（2020）。東帝汶。

Brule, N. & Ekstein, J. (2017). *Vulnerable Groups*. https://us.sagepub.com/en-us/nam/the-sage-encyclopedia-of-communication-research-methods/book244974

Wolhute, C. C. (2019). Provision of education to vulnerable groups in society. *Vergelykende en Internasionale Opvoedkunde*, 5, 627-639.

Cox, S. & Ritter, A. (2020). Editorial for special issue: Vulnerable groups: Addiction research, policy and practice. *ELSEVIER, Addictive Behaviors* 104(106), 22-26.

De Oliveira, Abraão Guterres (2017). *Os Dispositivos de Assistência e a sua Função na (re)inclusão Social dos Deficientes em Timor-Leste*. Dissertação De Doutorado

Inédita. Universidade Da Beira Interior. *Covilhã*, Portugal.

Derunova, E., Kireeva, N. & Pruschak, O. (2019). Inclusive Development of The Agri-Food System as A Driver for Sustainable Growth in The Region'S Economy. *Scientific Papers Series Management, Economic Engineering in Agriculture and Rural Development*, 19(3), 165-174.

Distr. General (2003). *Situation of Human Rights in East Timor Report of The United Nations High Commissioner for Human Rights* (GE. 03-11447 (C). UN.

Elisabeth, J. (2020). *Economic Inequality in the United States in 2014*. https://www.britannica.com/topic/Economic-Inequality-in-the-United-States-in-2014-2008555

Fanzo, J., Boavida, J., Bonis-Profumo, G., McLaren, R. & Davis, C. (2017). *Timor Leste Strategic Review: Progress and Success in Achieving the Sustainable Development Goal ("Tau matan ba ita-nia futuru")*. Centre of Studies for Peace and Development (CEPAD) & Jhons Hopkins University. Dili: CEPAD(Timor-Leste).

GIZ & BMZ, World Bank, UNICEF, etc. (2017). *Universal Social Protection: Old-Age and Disability Pensions in Timor-Leste.* Switzerland: ILO Social Protection Department.

Haider, H. (2012). *Violence against Women and Girls in East Timor.* Birmingham: Government and Social Development Resource Center.

Hutorov, A., Lupenko, Y., Zakharchuk, O., Hutorova, O. & Dorokhov, O. (2020). Inclusive Development of the Ukrainian Economy. *TEM Journal*, 9(1) , 296-303.

McWilliam. (2015). *Rural-Urban Inequalities and Migration in Timor-Leste. A New Era? Timor-Leste after the UN.* http://hdl.handle.net/1885/35354

Mendonca, M. (2002). *Population Dynamics in East Timor.* Washington, D.C.: UNFPA.

Mohamed, M. A. (2020). Challenges of Microchip Implantation in People with Disabilities for Inclusive Sustainable Development. *The International Journal of Technology. Knowledge, and Society*, 16(2) , 01-14.

Mukherjee, A., Poznanskaya, L., Rosha, A. & Schwartz, O. (2013). RUSSIA-Strengthening Access to Justice: A JSDF Grant to Empower Vulnerable Groups. *World Bank Europe & Central Asia Knowledge Brief*, 62, 01-04.

Nações Unidas, Organização Internacional do Trabalho, & Ministério da Solidariedade Social de Timor-Leste. (2018). *Desafios e Recomendações para a Extensão da Proteção Social a Todos em Timor-Leste.* Díli: ONU/OIT/Ministério da Solidariedade Social.

Nevins, J. (2005). *A Not-So-Distant Horror: Mass Violence in East Timor.* New York: Cornell University Press.

Niner, S. (2019). Women and the Economy in Contemporary Timor-Leste. *The Challenges, Development and Promise of Timor-Leste* (1st Edition). Macao: City University of Macao.

Patrick, B. (2012). *Vulnerable Groups and Security in East Timor: An Overview.* Ottawa: The North-South Institute.

Pedersen, J. & Arneberg, M. (ed.) (2019). *Social and Economic Conditions in East Timor.* Olso: Fafo Institute of Applied Social Science.

Pouw, N. & Gupta, J. (2017). *Inclusive development: A multi-disciplinary approach.* https://doi.org/10.1016/j.cosust

PRADET. (2015). *PRADET 2015 ANNUAL REPORT.* Dili: PRADET

PRADET. (2016). *PRADET 2016 ANNUAL REPORT.* Dili: PRADET

Provo, A., Atwood, S., Sullivan, E. & Mbuya, N. (2017). *Malnutrition in Timor-Leste: A review of the burden, drivers, and potential response.* Washington, D.C.: World Bank Group.

Pyone, T. (2015). *Displacement and Informal Repatriation in a Rural Timorese Village. Timor-Leste after the UN.* Canberra: Australia National University Press.

Robinson, G. (2011). East Timor Ten Years On: Legacies of Violence. *The Journal of Asian Studies*, 70(4), 1007-1021.

Sampaio, O. L., Isabel M., Menezes L., & Ana K. (2012). Família e proteção social da pessoa com deficiência no Timor-Leste. *Saúde Coletiva*, 9(55), 13-18.

SJÖHOLM, F., & LUNDAHL, M. (2005). *Poverty and Development in Timor-Leste* (1st Edition). Stockholm: SIDA Edit Communication.

Tutor2u (2020). *Inclusive development. Economics.* https://www.tutor2u.net/economics/reference/inclusive-development

UN, Dialogue Report (2018). *Ministry of Social Solidarity of Timor-Leste.* Washington, D.C.: United Nations

UNMIT & UNHR (2011). *Claro que podemos! A Reletorio sobre os Direitos das Pessoas com Deficiência em Timor-Leste.* Geneva: UNHR.

UNTL & RDTL. (2018b). *Social Protection of TL Government* (Assessment Based National). Dili: UNTL.

Vladimir, O., Gramatik, A. & Palariev, A. (2019). *Clustering in The Context of Inclusive Development of The Regions.* Minsk: Горизонти Науки.

Wallis, J. (2015). *Assessing the Implementation and Impact of Timor-Leste's Cash Payment Schemes. Timor-Leste after the UN.* Canberra: ANU Press.

World Bank Group. (2015). *Assessing the Bolsa da Mãe Benefit Structure1: A Preliminary Analysis.* Washington, D.C.: World Bank Group.

Chapter 2

《釜山宣言》框架下
安哥拉教育受援有效性研究

Research on the Effectiveness of Education Assistance in Angola under the Framework of Busan Declaration

吳玉嫻、曲靈坤

Yuxian Wu, Lingkun Qu

本章提要

　　教育成為國家減貧戰略的重點幹預領域之一。安哥拉教育受援情況受到越來越多的關注。因此，本文通過搜集安哥拉教育領域的受援資料，運用援助有效性發展方面最前沿的《釜山宣言》四項原則及其具體指標為指導框架，試圖對目前安哥拉教育受援的有關情況進行分析與總結，並根據分析結果，給出一個全面客觀的評價。其中，更進一步以在安哥拉開展的兩個比較典型的教育援助計畫為案例，對其進行詳細分析，總結了計畫的優缺點，最後得出結論。總體來說，隨著國際社會對援助有效性的重視，在計畫的實施過程中，各方都更關注受援國的需求，計畫的管理與審查也更加規範，但是在資訊透明度方面還需加強。

關鍵詞：教育援助、安哥拉、《釜山宣言》、援助有效性、受援國需求

Abstract

　　The educated population and workforce are key to Angola's economic diversification. Education has become one of the key intervention areas of national poverty reduction strategy. More and more attention has been paid to the aid to education in Angola. Therefore, this paper attempts to analyze and summarize the current situation of education aid in Angola by collecting the data of educational assistance, using the four principles of Busan Declaration and its specific indicators as the guiding framework, and gives a comprehensive and objective evaluation according to the analysis results. Furthermore, two typical education aid projects in Angola are taken as examples and analyzed in detail. This paper summarizes the advantages and disadvantages of the projects, and finally draws a conclusion. Generally speaking, with the international community's emphasis on the effectiveness of aid, all parties pay more attention to the needs of recipient countries in the process of project implementation, and project management and review are more standardized. However, information transparency needs to be strengthened.

Key Words: Education Aid, Angola, Busan Declaration, Aid Effectiveness, Needs of Recipient Countries

一、前　言

　　教育作為解決貧窮、不平等、人權、環境惡化等問題的基礎，對欠發達國家至關重要。

　　教育援助是對外援助的一個重要方面。聯合國教科文組織 2019 年發布的《全球教育監測報告》數據顯示，全世界每年教育支出為 4.7 萬億美元，其中 3 萬億美元（總額的 65%）用在高收入國家，220 億美元（總額的 0.5%）用在低收入國家，但這兩類國家的學齡兒童人數基本相當。自 2009 年以來，教育援助的年均增長率僅為 1%，教育援助占援助總額的比例也從 2007 年 10.7% 的峰值降至 2017 年的 7.1%。在教育援助發展停滯不前的大背景下，如何增進教育援助的有效性，提高資金利用率，給援助國帶來實際的好處，成為一個值得關注的問題。

　　自 1975 年脫離葡萄牙殖民政府統治開始獨立以來，安哥拉人民解放運動和爭取安哥拉完全獨立全國聯盟兩個作為安哥拉主要政黨，兩者之間發生了近三十年激烈的內戰。2002 年內戰結束以來，安哥拉的經濟取得了相當大的進步。過去十年中，穩定的政治環境、豐富的自然資源、不斷增長的石油產量以及高昂的全球石油價格，使安哥拉成為世界上經濟增長最快的國家之一。但是，安哥拉強勁的經濟表現伴隨著人類發展指標等情況，依然屬較差，安哥拉目前在人類發展指數（收入、健康和教育的綜合指數）衡量的 187 個國家中僅排名 148。2010 年安哥拉政府教育支出總額僅占國內生產總值 3.4%，2011 年，僅一年級輟學女童就有 603,347 人，2014 年成人識字率僅為 66.03%（世界銀行，2013）。低識字率與較高的生育率，均對安哥拉就業市場造成了一定影響，不利於安哥拉經濟的可持續發展，也影響社會的穩定。安哥拉目前處於經濟發展轉型的十字路口，由於結構單一，安哥拉經濟穩定性較差，十分容易受到外界影響。2020 年石油價格大幅下跌，安哥拉損失慘重。對安哥拉來說，促進經濟多樣化發展，是主要問題，而這一目標的實現離不開人力資源的開發與高素質人才的參與。

　　然而，對安哥拉來說，教育遠遠不能滿足人民的需要，教師素質不高、教學環境惡劣、受教育機會不平等等問題存在著。教育領域的問題單靠安哥拉政府無法解決，依賴外援嚴重。在教育援助水準停滯不前的情況下，提升安哥拉教育受援計畫的有效性，對安哥拉教育發展具有十分重要的意義，有利於安哥拉人力資源的開發，為經濟多元化發展提供保障，幫助改善安哥拉的貧窮狀況。以結果為導向，重視援助有效性，對安哥拉教育受援計畫進行分析，有助於窺探教育受援計畫存在的問題，進而解決問題，改善現狀，增強安哥拉與其發展援助夥伴的合作，提升其教育受援有效性，避免資金浪費；也可用從現存的教育受援計畫中吸取經驗，幫助改善今後計畫的開展。

二、文獻綜述

　　有效的援助才能達到援助的發展目的，才能證明其合法性，才能獲得國際社會的支持。正因如此，國際援助機構也一直致力於提高援助的有效性。2002 年的蒙特雷籌資大會上，國際社會就已經提出有效援助議題，2003 年的羅馬會議上有效援助的理念得到進一步強化，在 2005 年召開的巴黎會議，簽署了《關於援助有效性的巴黎宣言》，使「有效援助」精神被全面系統化。《巴黎宣言》提出了反映提高援助有效性的五個原則，它們是：自主性原則（Ownership）、同盟原則（Alignment）、協調原則（Harmonization）、結果導向型管理原則（Managing for Results）、相互問責制原則（Mutual Accountability）。它們相互作用，形成一個整體（張玉婷，2014）。2011 年舉行的「第四屆援助有效性高層論壇」通過的《有關新的全球合作關係的釜山宣言》，將國際援助的政策範式從「援助有效性」轉變成了「發展有效性」，明確表示將構築涵蓋發達國家、新興市場國家和公民社會等各種主體在內的新型全球夥伴關係。對於「發展有效性」的評估，《釜山宣言》提出了四項原則，以及具體指標。

1.在關於中國對非援助計畫有效性實踐分析方面

鄭崧與鄭超（2012）依據《巴黎宣言》所確定的有效原則對「全民教育快車道倡議」計畫做了分析，並指出其治理結構的不足。滕珺與陳柳（2017）運用《釜山宣言》框架對 CFIT 計畫進行了研究分析，根據宣言提出的四項原則，結合 CFIT 計畫的實際情況，進行逐條分析；其優點是論證結合了圖表，一目了然，也根據分析提出了計畫存在的問題，但沒有提出具體的解決辦法。

2. 在對國家援助分析方面

熊治與廖秋嫻（2019）使用了回歸分析的方法，衡量中國對外援助有效性，作者認為有效性的體現指標為受援國的經濟增長；其研究表明，援助對經濟增長存在「門檻效應」，超過某一臨界值，受援國過度依賴援助，會阻礙其經濟增長。這也與《釜山宣言》中「尊重發展中國家對優先發展行動的所有權」原則相符合。雖然運用了科學的數據分析方法，但是受援國的發展不能完全等同於經濟增長，這一變量只能反應出援助的效果的一部分。

3. 關於中國對非援助有效性原則分析方面

胡建梅與黃梅波（2018）提出急需構建合理的國際發展援助協調機制對援助分配碎片化、管理成本增加的問題進行治理。為了提高援助的有效性，中國應加強與國際組織、區域組織以及其他援助國之間的對話，突出受援國的主體地位，建立充分的資訊流動機制。

瑞士發展與合作署（Swiss Agency for Development and Cooperation, SDC）發布的《安哥拉 1995-2006 人道主義援助獨立評估（Independent Evaluation of SDC Humanitarian Aid in Angola 1995-2006）》，針對瑞士在覆蓋範圍，援助相關性和適當性、連貫性和協調性、有效性和效率、連通性和可持續性以及援助結果與影響等方面，對於安哥拉的人道主義援助進行了全面的評估與反思總結。根據評價分析，文章提出了許多切實符合安哥拉實際的中肯建議，例如教育援助計畫應減少對外派員工的依賴，促進以社區為基礎的援助發展，提高社區在援助中的地位等。

　　上述國內外各組織學者關於援助有效性的相關研究，對筆者啟發頗大。但是結合國內外的研究成果，筆者發現以下不足：一是雖然不少研究評估了教育援助領域的有效性，但是對安哥拉受援情況的探討尚不多見，二是對諸多對安哥拉教育的研究並未做到詳實，大都只是點其一面而未及其全部。本文的努力方向就在於試圖對安哥拉教育受援的有效性做出全面的闡述，試圖在學術研究上進一步豐富，彌補前人研究中的不足。

三、安哥拉教育現狀與受援情況介紹

（一）安哥拉教育現狀概況

　　在教育方面，安哥拉青少年人口中只有 28%達到小學教育水準，21%參與了中學第一階段教育。分別有 13%和 1.2%完成了中學第二階段教育和高等教育。18%的年輕人從未上過學，19%的人沒有受過任何教育。12 至 17 歲年齡組的人口中，幾乎有一半的人在與他們的年齡相對應的中等或職業教育課程中表現不令人滿意（Saber Country Report, 2009）。就識字率而言，15 歲至 24 歲的女性中有 33%不知道如何閱讀，而男性中只有 16%。一般來說，只有 60%的婦女識字，而男子識字率為 84%。這些不會讀或寫的婦女獲得為自己和家人做決定所必需的資訊的機會非常有限（United Nations Country Team in Angola, 2019）。

　　安哥拉人口總體呈年輕化趨勢。國家統計研究所的估計表明，安哥拉人口大部分是年輕人。2019 年的 300 萬居民中，65%在 25 歲以下，30%是 10 至 24 歲的青少年和青年。據估計，安哥拉人口將在二十年內有了變化，屆時總生育率為每名婦女生育 6.2 個孩子，人口增長率至少為 3.1%。大部分人生活在極端貧困的環境中，安哥拉文盲女孩所處的環境比極端貧困還糟糕。她們有些人試圖通過賣淫謀生，這就是安哥拉感染愛滋病婦女人數眾多的原因。許多沒有受過教育的年輕人試圖通過非法犯罪手段謀生，嚴重危害了安哥拉社會穩定（Alexandre, 2020）。

（二）安哥拉教育受援現狀

美國國際開發署（U.S. Agency for International Development，以下簡稱 USAID）是負責該國經濟和人道主義援助的機構。近年來，USAID 對安哥拉的援助金額逐年下降，從 2003 年的 1.65 億美元下降到 2019 年的 4,845 萬美元（Figueira & Inácio, 2012）。在教育方面，1994-1999 年的計畫中，美方致力於防地雷宣傳活動，惠及 200 萬安哥拉人，另有 750 萬人接受了排雷技術培訓。美方也致力於重建社區、修復學校等工作。然而，在最新的 2002-2004 計畫中，美國的援助重心更多向政治方面傾斜，如促進廣泛參與民主進程、加強國民議會內部的審議程序等。關於安哥拉教育的方面，只提到了發起公民教育方案，包括公民權利和義務、憲法改革和選舉等問題（Figueira & Inácio, 2012）。

葡萄牙極其重視對安哥拉的教育援助。事實上，其教育援助占安哥拉官方發展援助的一半。2007 年，葡萄牙為教育撥款 856 萬美元，其中 350 萬美元用於資助該國的獎學金以及在葡萄牙學習的安哥拉學生（Kiala, 2010）。葡萄牙的大學通常是安哥拉父母的首選，他們希望讓自己的孩子上高等教育，緊隨其後的是巴西、美國和南非。

中國對安哥拉的援助方式包括實物援助、提供零息貸款和優惠貸款。在教育領域，目前私人學校占據主導地位，儘管如此，安哥拉仍主張堅持恢復該國的公共教育體系。中國公司承擔了許多修復和重建教育設施方面的工作，中國政府也對安哥拉提供優惠貸款，許多這一領域的合作由安哥拉教育部管理。例如，2013 年，中鐵十七局集團有限公司承建了「中安友誼小學校」；2014 年，攜手中國青少年發展基金會、安哥拉公共管理部、安哥拉石油公司、薩普職校等六方，中信建設出資 5,000 萬元建了中信百年（安哥拉）職業技工學校，設立電工、機械操作、工程施工等專業，根據中信百年官方網站公布的資料顯示，截至 2018 年 3 月，職校 300 餘名畢業生畢業後實現全部就業。2018 年，中鐵十二局在安哥拉承建了安哥拉鐵路職業技能培訓學校，教材由學校自主編寫而成，老師也是來自中國的專業技術人員。中國和安哥拉在教育方面的合作還包括中國政府出資為安哥拉年輕人提供高等教育的獎學金，吸引

安哥拉學生前往中國進行高等教育學習。2004-2008 年，中國獲得獎學金的人數平均每年為 6 人，除了 2008 年有 25 名學生被錄取（Kiala, 2010）。在中國，學生第一年在中介機構學習普通話。從他們在中國的第二年開始，學生們就被分配到全國不同的大學學習他們的專業。

以上國家對安哥拉的援助內容歸納總結如表 2-1 所示：

表 2-1：各國對安哥拉教育援助總結表

國別	援助內容
美國	援助金額下降 致力於宣傳防地雷活動 重視安哥拉人民對民主進程的參與度，強調人民對憲法改革以及參與選舉等方面的權利
葡萄牙	重視教育援助，教育援助金額占總援助金額的比例高 2007 年，教育撥款高達 856 萬美元 提供獎學金與留學機會
中國	提供優惠貸款、實物援助和零息貸款 中國公司在修復重建教育設施起到突出作用 中國公司承建學校：2013 年建設「中安友誼小學」、2014 年建設中信百年職業技工學校、2018 年建設安哥拉鐵路職業技能培訓學校 提供高等教育獎學金

資料來源：作者整理自各國外交部官方網站

四、基於《釜山宣言》四項原則對安哥拉教育受援情況的評價

（一）《釜山宣言》四項原則闡述

自 2011 年 11 月 29 日起，為期三天的第四屆援助有效性高層論壇順利舉行，160 多個國家和地區的代表參會。論壇重申了發展承諾，並強

調世界已經發生深刻的變化，《有關新的全球合作關係的釜山宣言》為論壇的重要成果，並提出了四項原則。四項原則符合各國以及各非政府組織在人權、體面工作、兩性平等以及環境可持續性發展等方面商定的國際承諾。四項原則從不同方面闡述了如何提高發展合作的有效性。

首先是所有權方面，《釜山宣言》倡導發展中國家對發展優先事項擁有所有權，以發展合作夥伴的切實需要為目標，發展中國家應在發展援助過程中扮演越來越重要的角色，發展夥伴關係成功的唯一路徑是發展中國家的帶領；其次是注重結果，關注援助成效，不斷調整改進策略，保證援助最終效果，以達到促進受援國發展的目的；再次是包容性的發展夥伴關係方面，倡導構建和諧、包容、廣泛的發展援助體系；最後在數據透明和相互問責方面，在合法的情況下對相關數據進行公示，避免滋生腐敗，在發展援助過程中，形成問責機制，參與的各方相互監督（滕珺、陳柳，2017）。

（二） 基於《釜山宣言》的第一、二項原則的評估

1. 基於指標 1「結果導向」的評估 [1]

自獨立以來，安哥拉越來越意識到教育的重要性，教育是實現社會、文化和經濟發展的必要手段。然而，持續了近三十年的內戰，給全國，特別是農村地區的教育領域和基礎設施建設帶來了極大的破壞，更導致教師大批外流。結果，安哥拉失去了繼續進行正常有序教育活動的物質基礎以及訓練有素的教師。教師可以說是開展教育活動開展的必要前提之一，沒有教師，不論後期修建多少學校，也無法保證教育工作的順利進行。因此，對於安哥拉來說，教育援助勢必在注重教師培訓。在此方面，各國以及各組織都有重視安哥拉的真實需求，圍繞提高教師工作水準，保障教師地位權力等方面，開展了多種方式的培訓。其中，早在 1997 年，國際開發協會的第一個教育計畫—編號 P000042，就已經提出建立小學教師培訓的示範學校。如今還在進行中的世界銀行安哥拉全

---

[1] 關於各項指標的具體內容，詳見附錄。

民學習計畫，也提出提高教師的知識和技能，改進學校管理以及加強在職教師的培訓（ADPP, 2019）。然而，在教師培訓這方面最具有代表性的是人與人發展援助組織（Ajuda de Desenvolvimento de Povo para Povo, ADPP）組建的未來教師培訓學院（Training Colleges for the Teachers of the Future, CTFs），以及各種配套培訓計畫，為安哥拉的小學教師輸送了源源不斷的人才。

總體來說，安哥拉的教育援助以結果為導向，滿足安哥拉當前發展的需求，計畫的結果也有具體數據的體現，援助的成果框架可以做為衡量績效的工具。

2. 基於指標 6「預算審查」的評估 [2]

根據聯合國可持續發展合作框架（United Nations Country Team in Angola, 2019），在安哥拉援助計畫的實施過程中，由聯合國指導委員會領導，經濟和規劃部長共同擔任副主席，其他部長和聯合國機構負責人組成的指導委員會將協調計畫的進行。該委員會每年至少召開一次會議，進行年度績效評估，如有必要，每年召開兩次年度規劃會議。指導委員會的主要職責有：評估計劃產出的全球進展情況及其對國家發展計畫和相關可持續發展目標的貢獻，保證產出與國家發展計劃戰略之間的永久一致和協調，進行年度績效審查，修訂和批准國家發展計畫中潛在的重大變化產出和戰略，並根據業績標準分配財政資源（滕珺與陳柳，2017）。

綜上所述，聯合國在安哥拉的援助滿足指標 6「預算審查」。世界銀行對援助資金的使用均有採購方面的紀錄，其他方面的資料暫未找到。

3. 基於指標 9「採用受援國體制」與指標 10「無條件援助」的評估

在政府採購過程中，若援助方對採購施加各種限制條件，會導致採購過程有失公平，甚至產生惡性競爭，更不利於從源頭治理採購環節的

---

[2]　由於《釜山宣言》四項原則的具體指標不是按照數字順序分類，因此在分析時不按照具體指標的順序，而是按照四項原則的順序進行分析。

腐敗行為，最終影響採購效果、品質和成本，與增強援助有效性的目的
背道而馳。根據世界銀行的計畫採購計畫來看，在安哥拉教育援助領
域，援助資金納入安哥拉的公共財政管理體系，採購執行方為安哥拉教
育部下屬規劃研究和統計部（GEPE），關於計畫購買方面的審查則是由
世界銀行負責，採購計畫中也沒有對援助物資與服務的來源加以限制
（世界銀行，1997）。

　　由此可見，對援助計畫採購方面的監管比較完善，採用了安哥拉的
公共財政管理指標體制，但是並未完全採用安方採購體系指標，對援助
物資與服務的來源無地域限制。

（三）基於《釜山宣言》的第三項原則的評估

1. 基於指標 2「發揮民間團體作用」的評估

　　英國對外援助運作的發展趨勢是加強私營部門扶持力度，支持商業
改革、合同實施和加強實施標準。提高當地企業私人資本的可獲得性，
支援當地資本市場基礎設施和監管建設。通過改善私營部門治理、技能
以及營商環境來增進援助有效性。針對私營部門專案實施，英國國際發
展部（DFID）注重從私營部門招聘具備金融投資、審計和供應鏈管理技
能的員工。

　　DFID 援助實施中注重和當地及國際非政府組織的合作，DFID 15%
的雙邊資金由非政府組織運營（Emanuel Gomes & Markus Weimer,
2011）。可見，援助過程中，民間團體發光發熱，在促進發展方面起到
推動作用。

2. 基於指標 3「促進公私對話」的評估

　　聯合國兒童基金會安哥拉辦事處與安哥拉政府，和非政府機構，保
持了許多正式和非正式的夥伴關係。兒童基金會正在擴大夥伴關係，通
過與地方行政訓練研究所、國家公共行政學院和區域評價和成果學習中
心的備忘錄，加強各級政府的評價工作。這些夥伴關係將有助於共同制
定課程和培訓材料的監測和評價，並提高公共行政部門的評價能力；還
與各大學簽署了一些備忘錄，以提高權力下放一級的證據生成能力。兒

童基金會還與普及教育技術工作組建立了夥伴關係，以提高教育數據的品質，加強教育管理資訊系統。兒童基金會通過促進與巴西羅德里戈‧門德斯學院的南南夥伴關係，支持國家特殊教育研究所。這一夥伴關係有助於制定國家特殊教育政策，該政策已提交教育部長批准。

由此可見，兒童基金會在安哥拉開展的教育援助滿足指標 3 加大私立部門對發展的參與度和貢獻，促進公私對話。

3. 基於指標 8「性別平等」的評估

女性在參與安哥拉援助的過程中發揮了越來越大的作用。非政府組織 ADPP Angola 的董事會主席 Rikke Viholm 就是一位傑出的女性。在卡賓達、本戈、羅安達和本格拉等省分開展的 Women in Action 計畫中，大量的女性工作人員以及志願者提供縫紉、製作家紡用品等方面的培訓。世界銀行網站上公布的四名安哥拉援助專家中，也有一位 Keiko Kubota 是女性。然而，從各個組織以及政府網站上，不難看出雖然援助方領導人員的資訊可查，但是進一步的人員告示卻尋找困難。總體來說，以上分析體現女性賦權，但是告示方面存在不足。

（四）基於《釜山宣言》的第四項原則的評估

1. 基於指標 4「數據公示」的評估

世界銀行、聯合國等及各非政府組織以及美國、瑞典等國家的援助機構均公布了合作的相關數據。其中，世界銀行與聯合國的數據文件比較齊全，計畫執行方案、採購方案、對環境污染的評估、以及計畫反思等方案都可以找到。不僅如此，世界銀行與聯合國還發表了各類相關計畫評估方案以及對於安哥拉教育的展望。其餘組織如 ADPP 等公布的年終總結中也可以看到計畫成果。英美等國家也公布了援助計畫的相關文件。瑞士則對其在安哥拉開展的教育援助計畫進行了評估。

2. 基於指標 5「發展可預測性」的評估

根據世界銀行公布的計畫文件，世界銀行的計畫均有各個階段的量化目標。單就教師培訓計畫來說，訓練的成果體現在教師技能的改善方

面，以參與培訓教師教學技巧的改善人數百分比來衡量，設定了基礎目標、各個階段目標以及最終目標。此外，在計畫初期就進行風險評估，分別在政治管理、宏觀經濟、部門戰略和政策、計畫技術設計、執行與可持續發展的體制能力、信用層面、環境和社會層面利益相關者層面以及其他方面對計畫風險一一分級，提高計畫的可預測性（World Bank, 2013）。

聯合國在安哥拉開展的計畫中設立結果小組。結果小組將以共同的職權範圍為指導，並將輸出層面的積極監控作為關鍵要素之一。成果小組進行監測，並定期調整其計劃，以應對已確定的發展挑戰，並將重點放在最關鍵的問題上，以便以最有效的方式為國家發展成果做出貢獻。成果小組和聯合工作計劃是在監測和評價小組（M&E）支持下的適應性方案編制機制。成果小組根據持續分析、監測和評估中產生的新資訊、經驗教訓和風險識別，共同重新確定和調整計畫成果、活動和相應預算的優先次序。

3. 基於指標 7「相互問責」的評估

在聯合國可持續發展合作框架中提到，要實現 2030 議程和國家發展目標需要廣泛的主要行動者之間的努力和相互責任，除了傳統的「執行夥伴」概念外，還大大開放了夥伴關係的概念，所有實體和個人的包容性概念。這些與聯合國價值觀相同的實體和個人，對安哥拉可持續發展解決方案的制定、實施和監測至關重要（魏彥強等，2018）。因此，聯合國可持續發展戰略框架反映了相互問責機制。

（五）總體評價

總的來說，安哥拉的教育援助符合《釜山宣言》四項原則的要求，但是在某些方面還存在著不足。在安哥拉開展的教育援助活動能夠滿足安哥拉當前優先發展的需求，並將援助的目標細化到可量化的指標，以衡量援助達到的成果。對於計畫風險的預測以及各方面，前期援助籌備階段就進行了詳盡的風險評估，包括政治管理、宏觀經濟、部門戰略和政策、計畫技術設計、執行與可持續發展的體制能力、信用層面、環境

和社會層面利益相關者層面以及其他方面對計畫風險一一分級，提高計畫的可預測性。同時，在計畫執行的前期階段，制定各個時期的階段目標，用量化指標評估計畫的階段成果，有利於計畫品質完成，也有利於計畫週期的靈活調整。

　　然而，在公示數據方面還有待提高。世界銀行、聯合國等及各非政府組織以及美國、瑞典等國家的援助機構均公布了合作的相關數據。但是除世界銀行與聯合國外，大多數組織與國家在公開的文件中，多是關於計畫成果的評述，對於採購體系、財政管理體系、審計體系、人員錄用包括女性賦權、計畫評價與監督、公私對話以及安哥拉受援人員的反饋方面的詳細數據或評述卻隱藏在幕後。這些方面數據不夠公開透明，極易滋生貪污腐敗，不利於計畫的有效開展。

　　在相互問責方面，多數組織和援助國也做的遠遠不夠，至少並無找到相關文件詳細說明援助過程中各方是否明確責任劃分、是否建立完善的責任評價體系、是否設立專門監督機構以及各方是否展開對話等方面詳細的內容。

　　總之，對於安哥拉的教育援助方面的進步與各方的努力已經體現，想要更進一步的提高援助有效性，使援助計畫完全符合《釜山宣言》四項指標，還需各方不斷努力。改善安哥拉的教育，開發安哥拉人力資源，實現安哥拉經濟多元化的轉型之路是任重而道遠。

五、基於國際組織援助計畫的案例分析

　　案例分析法是重要研究方法之一，通過具體對某一案例的闡述，試圖解釋背後所蘊含的客觀規律。為提升本文研究理論的可信性，擬採用案例分析方法，從分析教育受援有效性的角度出發，援引安哥拉教育援助中的典型計畫，證明安哥拉教育受援計畫的有效性，並著力探求有效性背後的深層次原因。

　　以深入探究安哥拉教育受援領域有效性為目標，本文選取了「安哥拉教師培訓計畫」、「世界銀行全民學習計畫」及「安哥拉當地教育受

援師生對計畫的反饋」等三個典型案例，立足於《釜山宣言》提出的四項幾基本原則以及具體指標，分析安哥拉受援計畫，以期從個別到一般，以點帶面，多角度、全方位地去探求反應安哥拉總體教育受援有效性的情況。

「安哥拉教師培訓計畫」反應了安哥拉當地非政府組織對解決安哥拉教師人手短缺這一重點問題所做的探究，代表的是地區組織開展援助的水準。「世界銀行全民學習計畫」體現了世行這一全球性的非政府組織，在提高安哥拉人力資本發展水準和教育系統品質方面所做出的努力。此計畫時間跨度大，資金較為充足，涉及多方合作，是國際組織在安哥拉開展教育援助計畫的典型。「安哥拉當地教育受援師生對計畫的反饋」展現了安哥拉人民內心的聲音，由於他們是計畫的直接受益者，分析他們切實的體驗與感受，對提升計畫有效性具有十分重要的意義。這三個計畫在案例分析時已盡可能採用相同的分析模式，但是由於官方公布的資料詳略不一，以及受援者的反饋相對主觀，各個計畫分析的側重點會稍微有些不同。

（一）安哥拉教師培訓計畫分析

1. 計畫概況

ADPP 是安哥拉的一個非政府組織，成立於 1986 年，其目標是通過執行針對人口中最貧窮和最脆弱成員的計畫，促進安哥拉和南部非洲其他國家人民之間的團結，與促進經濟和社會發展。ADPP 自 1995 年起一直在安哥拉從事教師培訓工作，有一個長期的教師職前和在職培訓計畫。它與教育部密切合作，首先在萬博省，然後在其他省分建立了一個名為 CTF（Training Colleges for the Teachers of the Future）的師範學院網絡（ADPP, 2019），從而開發了這個計畫。

ADPP 的最終目標是培養教師到貧困的農村地區工作。這項創新的具體目標是：培養致力於農村小學教育發展、能夠教授一至六年級全部學科的教師；培養新的教學態度、知識和能力；提供培訓，使未來的教師能夠在農村環境中與貧困和弱勢群體合作；建立學校，培訓教師，通

過不同類型的活動支持社區發展。

　　ADPP 致力於幫助培訓年輕人成為小學教師方面的工作已二十五年了
（ADPP, 2019）。學生獲得知識、技能和經驗，使他們不僅能夠為兒童
提供良好的教育，而且能夠適應農村學校基本的條件。他們學會了講究
策略和創新，發現自己的能力比想像中的要大，尤其是在與他人合作時。

　　培訓的第一年，學生們在「學旅遊，旅遊學」的指導方針下，廣泛
地旅遊，開闊眼界。第二年將理論與實踐相結合，向學生介紹小學課堂
的實際情況。第三年學生在農村小學全職工作，繼續學習，從事教學研
究，實施和實施社區發展微型計畫。

　　ADPP 理工學院旨在滿足人們對中高級教育日益增長的需求。學生
不僅可以在學校提供的四種專業技術文憑中的選擇一種，還可以獲得九
年級畢業證書。教育的主要特點包括學生對自己的學習負責、小組工
作、調查、實地考察、園藝、社區行動、工作經驗、實踐測試、口試以
及與當地工業和企業的密切聯繫。

　　在課程的第一年，學生們開始掌握新的學習方法，學習七年級的科
目。在第二年，即八年級，學生們在繼續學習國家課程的同時，專注於
所選專業的理論和實踐。第三年的實踐能力傾向考試，匯集了在整個教
育過程中所學的理論和實踐技能，以及學生獨立完成工作和展示結果的
能力。學生通過參加國家考試完成他們的中級教育。因此，這些學院的
目標是培訓教師，使其不僅能夠勝任學校的工作，而且能夠把學校與生
活聯繫起來，承擔起社區促進發展的角色，從而能夠為國家的重建做出
貢獻。

2. 安哥拉教師培訓項目的有效性分析

　　本文運用《釜山宣言》四項原則及其具體指標為框架，嘗試對該計
畫進行深入分析，探討計畫的有效性。首先是對第一、二項原則進行分
析。在指標 1「結果導向」方面，ADPP 計畫立足於實際，關注安哥拉當
前農村地區教師短缺的問題。教育部門的人力資源開發無疑是一項複雜
的工作。然而，這對教育部門的正常運作相當重要，最終對提高教育品
質至關重要。更好的教師培訓，加上更有效的職業管理，是提高整體努

力的重要組成部分。所有關於在職教師人數、培訓和水準的調查都是展現出需要關注的面向。根據這些調查結果，安哥拉政府將教師培訓列為普及基礎教育工作的優先事項之一，並為職前和在職教師培訓制定了指導方針和行動框架。

儘管在過去十年中，全日制教育的學校數量和兒童人數增長很快，但是在農村，尤其是偏遠地區，更是缺乏受過適當培訓的教師。由於這些地區經濟不發達，極度貧窮，絕大多數教師不願意留在當地。這是生活在這些地區的兒童上學的一個主要障礙。ADPP 的教師培訓計畫旨在克服這些障礙。

不僅如此，ADPP 學校開展的課程立足學生真實需要，幫助學生畢業後更好的融入社會，也滿足了安哥拉當前的經濟發展需求。例如，教師培訓學校注意到越來越多的學生數學和葡語水準都很差。ADPP 清楚地意識到，這些預備教師以後能否夠為他們的學生提供高品質的教育，關鍵在於新手老師們是否在這些科目上扎下了堅實的基礎。學校制定了一個 40 節課的課程，幫助學生補習，下午和晚上都會舉辦額外的數學和葡萄牙語俱樂部。

另外，位於卡西托的學校，還開展了紡織課程。除了學習七至九年級的國家課程外，學生們還學習裁縫。他們在縫紉車間學習如何使用機器和設備，發展裁剪圖案、縫製衣服和用布料製作其他物品的技能，並開辦當地企業進行維修或按訂單縫製。第一批完成這門課程的學生於 2020 年畢業。

計畫也是成果頗豐。根據 ADPP（2019）官網記載的數據，截止 2019 年，ADPP 在安哥拉的 17 個省的 51 個市共實施了 63 個計畫，覆蓋了 700,000 人。其中，在 14 個省分由 15 所教師培訓學校，3,129 名學生參與培訓。自 1995 年來，共有 12,694 名學生順利畢業，其中，931 名學生在 2020 年畢業。在六個省內開創了八所理工學校，有 1,561 名學生參加培訓。自 2011 年來理工學校共培養了 2,493 名學生，其中 343 名學生於 2020 年畢業。

在指標 6「預算審查」與指標 9「採用受援國體制」方面，ADPP 與安哥拉政府建立了強有力的合作夥伴關係，使 ADPP 學院能夠將其經常

性費用納入國家預算，因此教師培訓學校被列為接受國家補貼的學校之一。教師培訓學校不再被視為私立學校，而是成為安哥拉主流教育體系的一部分。通過與政府的對話，教師培訓基金方案在專業一級獲得了官方認可，從而為教師職業增加了價值，並為在教師培訓基金受訓的教師提供了工資。然而，關於 ADPP 計畫使用的採購體系方面，缺少相關資料。

其次是對第三項原則進行評價。在指標 2「發揮民間團體作用」方面，2019 年，ADPP 與安哥拉教育部聯手，積極與世界銀行展開合作，希望能多方合作，進一步加強教學觀念的改善。在指標 3「促進公私對話」方面，ADPP 已經並將繼續利用強有力的宣傳和計畫。

此教師培訓計畫注重社區的參與，與自然、文化、經濟和社會環境組成的社區密切合作，實習教師將在這些環境中實踐其專業。這種參與可以採取多種形式，特別是社區參與為學校和社區日常生活和發展中的教師實施計畫。教師在教學工作坊中的團隊合作，也是讓學校和教師在社區中發揮積極作用的一種方式。

在指標 8「性別平等」方面，ADPP Angola 的董事會主席 Rikke Viholm 就是一位傑出的女性。ADPP 的課外活動中也強調婦女領導，努力提高婦女在社區中的地位。

最後對第四項原則進行分析與評價。ADPP在這方面做的明顯不足。首先，在官方網站上並沒有相關性文件的公示。其次，在可找到的計畫相關文件中，關於計畫成果的介紹更多是在定性分析方面，例如課程介紹、制度介紹以及計畫成果介紹等方面，並無發展合作相關數據以及在計畫進程中風險評測[3]或者計畫效果評估以及合作主體問責等方面文件的公示。

根據以上分析，欲採用「完全符合」、「大體符合」、「部分符合」、「基本不符合」與「完全不符合」五項指標對該計畫是否滿足《釜山宣言》的四項原則及其具體指標進行描述，分析結果如表 2-2 所示：

---

[3] 對於 ADPP 計畫而言，相關網站並未公布風險評估方面的資料，不能確定計畫前期是否進行了詳盡的風險評估調查，此部分反映了計畫的數據公開度不高，與世行的全民學習計畫相比，後者數據完整，資料透明，更有分析價值。

✏️ 表 2-2：安哥拉教師培訓計畫評價表

	援助有效性四項原則	具體指標	具體指標評價	四項原則評價
1	尊重發展中國家對優先發展行動的所有權 Ownership of development priorities by developing countries	指標 1：結果導向	完全符合	部分符合
		指標 6：預算審查	完全符合	
2	注重結果 Focus on results	指標 9：採用受援國體制	部分符合	
		指標 10：無條件援助	基本不符合	
3	構建包容且廣泛的合作夥伴關係 Inclusive development partnerships	指標 2：發揮民間團體作用	部分符合	大體符合
		指標 3：促進公私對話	大體符合	
		指標 8：性別平等	大體符合	
4	加強數據透明和互相問責 Transparency and accountability to each other	指標 4：公示發展合作相關數據	基本不符合	基本不符合
		指標 5：發展合作可預測性	基本部符合	
		指標 7：相互問責	完全不符合	

資料來源：https://www.adpp-angola.org/pt/?Itemid=305

　　根據表 2-2 可知，安哥拉的教師培訓計畫在尊重安哥拉對優先發展行動的所有權，著力於解決安哥拉教育領域的突出問題，援助預算也納入國家預算，並且注重結果，以結果為導向指導計畫的實施。該計畫與安哥拉教育部以及世界銀行都開展了相關合作，注重加大各方對話，也注重計畫實施過程中女性的參與。然而，由於在數據公開方面做的不好，發展合作相關數據大多數不透明，導致許多指標評價不夠好，沒有及時公布相關數據，接受社會的監督，極容易滋生腐敗，使計畫的有效性大大降低。

3. 安哥拉教師培訓計畫的優點以及缺點

首先，此計畫不僅創造性地解決了農村地區教師短缺問題，更切實可行是教師培訓的試點方案。它給想要進入教師隊伍的年輕人創造了條件，提供了場所，又通過培訓的方式，幫農村地區輸送了大量教師，因傳統師範學院培訓的老師通常不願意下鄉。

其次該計畫定義明確，制度化程度高，資金充足。所有這些因素都促成了這種做法的可持續性。這些學院提供了一個有吸引力的培訓方案，該方案與目標相適應：制定適當的、切合實際的培訓課程和一支敬業、樂於接受的管理和教學人員；還提供了適當的基礎設施和教學手冊及材料；還建立了徵聘機制，旨在吸引有效率和積極性的候選人。

在教育管理層面，培訓方案制定合理，培訓課程範圍廣，靈活適應社會的要求，平衡了理論和實踐。ADPP 意識到每個畢業生都是一股不可忽視的力量。總的來說，他們在推動教育學的發展，提高小學教育品質方面作用不可小覷。2010 年 1 月 9 日 ADPP 發起的畢業教師網絡（Graduate Teacher Network），該網絡是一個論壇，教師們每年舉行三個周末的會議，分享想法，編寫旨在提高學習效果的新教材，並交流經驗和最佳做法。第一系列的團聚在 2019 年 7 月在全國各地舉行，幾乎有 400 名畢業生（ADPP, 2019），反應積極，參與者對他們所做工作的熱情顯而易見。

在教師培訓層面，ADPP 的教師培訓強調以成人學習者為對象，以個人為中心，正規教育和非正規教育相結合的教學方法。此外，ADPP 也為派駐農村學校的前實習教師提供在職培訓。培訓課程也強調理論與實踐之間的聯繫，以及滿足個人和社區需要所需的能力。這種做法滿足了最低限度的物質條件，特別是提供了資料、實踐和理論練習的教學設備以及一支稱職和全面的教學隊伍。與國營師範學院相比，ADPP 學院並不缺乏培訓師。

在資金方面，組織理論表明，任何社會組織要發揮作用，都需要人力、物力和財力。這些資源構成一個不可分割的整體，這是任何組織取得成功的必要條件。例如，如果沒有財政支持，ADPP 就不可能建造學院的大樓和宿舍、購買教學設備、支付服務費用等。作為一個非政府組

織，ADPP 得到了各合作夥伴的支持，一開始，它用自己的資金建造學校，支付員工工資，維護建築物和設備，並為學生提供食物。幾年來，由於其管理層表現出的政治對話精神，ADPP 已成為安哥拉政府的主要夥伴，因此，獲得了分配給教育部預算的一部分。

在長遠性方面，建立高校培養未來的教師是一項長期的工程。ADPP 從一開始就考慮了該計畫的未來擴展，並將其納入組織願景。如果考慮到國家的面積（1,246,000 平方公里）和所需的小學教師人數，長期的承諾實際上是必要的，這是全民教育的一個關鍵因素，因此也是消除貧困的一個關鍵因素。此外，ADPP 還考慮了該國學生人數的增加及其發展，因此也考慮了教師人數的增加。

然而，與該計畫突出的優點對比，缺點也很明顯。在數據透明性方面，作為一個發展長達二十五年的計畫，計畫成果只公布了學校數量以及畢業學生數量。參與培訓的教師數量、教師素質、學校的硬件設施購買維修、學習資料採購方式、量化的階段性目標、與安哥拉政府以及其他非政府組織合作相關數據等具體數字，在其官方網站上無從尋找。沒有及時公布相關數據，接受社會的監督，極容易滋生腐敗，使計畫的有效性大大降低。

在計畫評估與相互問責方面，沒有階段性的反思，合作主體之間無相互問責機制。ADPP 與安哥拉教育部的確形成了強有力的合作夥伴關係，但是關於計畫的評估方面的工作還是有待加強。不同於聯合國以及世界銀行等組織，ADPP 並無組織相關工作小組對其教師培訓計畫的有效性進行評價，也無相關學者進行以往經驗的反思，更沒有相關文件顯示其與安哥拉教育部存在相互問責機制。事實上，在學校管理方面，計畫發起人負責國家一級的監督，教育部不提供任何幫助。在地區一級，省級管理部門（即教育部）監督學生的教學實踐，並起草期末考試結果報告。然而，考試的結果報告並不能客觀全面的反應整個計畫的有效性，它只是側面反映了學生的學習成果，在計畫評估方面，這是遠遠不夠的。

六、結　語

　　有效的援助才能達到援助的發展目的，才能證明其合法性，從而贏得公眾對國際援助的支持。《釜山宣言》框架為安哥拉教育受援計畫有效性的評價提供了基本原則以及具體指標。在分析過程中發現，各援助方在尊重發展中國家對優先發展行動的所有權以及注重結果方面完成度較好。援助計畫規劃旨在滿足安哥拉當前在教育領域優先發展的需求。受過教育的人口和勞動力被視為持續經濟增長的關鍵。戰爭結束後，安哥拉政府最初的工作重點是鞏固和平協議、援助許多國內流離失所者和難民、改善糧食安全、發展農村地區和改善安哥拉全國的交通。自 2005年 2 月以來，政府已將重點轉向基礎設施發展、社會投資以及鞏固體制和政策改革。與非洲其他國家相比，安哥拉沒有得到太多的外部援助，但卻獲得了中國主要用於基礎設施建設的信貸額度。經過十年的戰後重建和蓬勃的經濟振興，安哥拉正進入一個更加穩定的第二個發展階段。安哥拉已經是一個中等收入經濟體，它致力於實現經濟多樣化，熟練勞動力被視為長期、可持續增長和人類發展的關鍵。在最近的講話中，總統表達了他對正在進行的教育改革和未來幾年教育部門的三個優先事項的承諾：(1)擴大學校網絡；(2)提高教育品質；(3)加強各級教育系統的效率和公平。教育是國家減貧戰略的重點幹預領域之一。援助方也以發展結果為導向，將教育援助的成果作為衡量績效的要求。

　　以安哥拉教育援助為例，隨著時間發展，教育援助的途徑不斷多元、成效不斷提升、數據不斷透明，對安哥拉教育及國家整體發展做出了顯著的貢獻。但客觀來說，基於《釜山宣言》四項原則及具體指標，安哥拉教育援助仍存在以下不足之處：

1. 教育援助的數據透明程度較差

　　除世界銀行及聯合國等較大規模國際組織公布的安哥拉教育援助數據比較詳盡之外，其他國際組織、國家等相關安哥拉教育援助情況數據

較少，公示程度較差。以美國的USAID網站為例，其關於美國在安哥拉開展的計畫文件大多是對計畫實施情況及計畫成果的介紹，但對於計畫的審計、評估等內容披露較少。[4]相關教育援助數據的缺失，對計畫援助有效性評估造成一定影響，進而導致教育援助計畫透明度較差，無法形成有效監督。

2. 教育援助的宣傳途徑缺失

安哥拉本國及國際社會對教育援助的宣傳力度較小。以世界銀行組織的「全民學習」計畫為例，該計畫在世界銀行官網上僅有三條相關報導，宣傳影響力較弱（高光，2012）。另外，由於安哥拉國內宣傳體系建設相對不健全，安哥拉教育受援民眾缺少發聲渠道，一定程度上不利於教育援助計畫的監督改進，不利於計畫有效性提升。

針對以上不足之處，提出如下建議：

1.為了提高援助相關數據透明度，促進援助發展，各方需要加強援助計畫數據公示方面的相關工作，公示數據需保持客觀嚴謹。建議學習世界銀行的公示方法，將數據文件按照計畫階段性成果、風險評估、審計文件、達成協議、採購計畫等方面內容詳細分類，按照時間順序排列，提升教育援助下的數據公開透明度。

2.針對非英語母語國家的網站來說，如果不能做到提供援助計畫相關文件的英文版本，可以在詳情頁附上英文版本的文件簡介，讓來自不同國家的讀者能了解文件的大體內容。同時加強網站搜索引擎的建設，方便讀者對援助計畫某一方面的深入了解。

3.教育援助計畫利益相關民眾對於計畫有效性具備一定的客觀評價作用。對於飽受內戰創傷的安哥拉人民來說，教育援助對他們的作用顯而易見。教育援助改變了他們的生活，給迷茫的人生指明方向，幫助他們依靠自己養家糊口。每一個家庭生活的改善，變化點點滴滴不斷累積，最終結果將會是安哥拉全國教育乃至綜合國力的提升。可為安哥拉教育援助相關民眾搭建一個專門的發聲平台，允許他們自由反饋對計畫

---

[4] 整理自 USAID 官方網站 https://www.usaid.gov/humanitarian-assistance/angola

的看法與評價，並設立專門機構對民眾的問題或者建議進行傾聽與回應。安哥拉的聲音，值得被世界聽到。

　　羅馬不是一天建成的，雖然對安哥拉的教育援助目前還與不足，但是其中也不乏向世界銀行的全民教育計畫一樣符合《釜山宣言》四項原則的優秀計畫。綜上，無論是教育援助，抑或是經濟援助、科技援助、文化援助等，援助模式均應尊重受援國家的實際需求，構建包容廣泛的援助模式體系，以援助結果的有效性為導向，注重援助的客觀監督，真正做到安哥拉乃至全球援助的可持續發展。

附錄

四項原則包括：

1.尊重發展中國家對優先發展行動的所有權，最大限度地迎合受援國的發展需求，讓發展中國家自行制定發展戰略，基於本國現狀自主領導和實施計畫活動；

2.注重結果，以援助成果為導向來管理資源和改善決策，確保援助能夠在一定程度上消除貧困，減少不平等，促進可持續發展並加強發展中國家的能力建設；

3.構建包容且廣泛的合作夥伴關係，使多樣化的合作主體參與到國際發展援助中來，合作方之間要持開放、信任、彼此尊重以及互相學習的態度，加強援助協調；

4.透明和相互問責，簡化捐贈程序，擴大資訊公開，增加援助透明度，避免重複捐贈，援助方與受援方應同時對發展援助的成果負責，互相監督各項指標的完成情況。

每一項原則又包含了數條具體評價指標（見表 2-3）他們相互作用，形成一個整體，共同保證援助有效性的提升。

表 2-3：《釜山宣言》四項援助及具體指標

	援助有效性四項原則	具體指標
1	動的所有權 Ownership of development priorities by developing countries	指標 1 以結果為導向，滿足發展中國家當前優先發展需求，將成果框架作為衡量績效的工具；
2	注重結果 Focus on results	指標 6 援助預算應接受議會審查；將援助資金納入國家預算； 指標 9 默認採用並著力加強發展中國家自己的公共財政管理指標體制和採購體制 指標 10 無條件援助，不能對援助物資與服務的來源施加地域限制。

	援助有效性四項原則	具體指標
3	建構包涵且廣泛的合作夥伴關係 Inclusive development partnerships	指標 2 做大限度地發揮民間團體（非政府組織和基金）在促進發展過程中的作用； 指標 3 加大私立部門對發展的參與度和貢獻，促進公私對話； 指標 8 性別平等分配與女性賦權，並予以公開。
4	加強數據透明和互相問責 Transparency and accountability to each other	指標 4 公開發展合做相關數據； 指標 5 發展合作具有可預測性； 指標 7 通過全納性的評述加強合做主體之間的相互問責。

資料來源：OECD. Making Development Co-operation More Effective.

https://www.oecd.org/dac/effectiveness/Part-II-of-the-Global-Partnership-Progress-

Report.pdf

參考文獻

世界銀行（1997）。《世界銀行貸款項目採購管理暫行規定》。中國招標，5，
　　10-13。

胡建梅、黃梅波（2018）。國際發展援助協調機制的構建：中國參與的可能渠
　　道。國際經濟合作，008，22-32。

高光（2012）。世界銀行發佈全民學習進展報告。世界教育資訊，6，8。

張玉婷（2014）。《巴黎宣言》框架下的援助有效性研究－以衣索比亞教育援
　　助為例。比較教育研究，12，86-91。

熊治、廖秋嫻（2019）。"一帶一路"倡議下中國對外援助有效性的研究。對
　　外經貿，6，14-19

滕珺、陳柳（2017）。《釜山宣言》框架下多邊教育合作的中國式探索－基於
　　CFIT 項目的分析。比較教育研究，9，63-71。

鄭崧、鄭超（2012）。"全民教育快車道倡議"對有效援助原則的踐行及其啟
　　示。外國教育研究，10，21-27。

魏彥強等（2018）。聯合國 2030 年可持續發展目標框架及中國應對策略。地球
　　科學進展，10，1084-1093。

ADPP (2019). ADPP Angola Annual Report. Retrieved from https://adpp-angola.org/en/

Alexandre De S. A. & Von, H. S. (2020). *PAT 2019- Report on Auditing-final signed.*
　　pdf (English). Washington, D. C.: World Bank Group.

Bank, T. W. (2013). *SABER student assessment country report: Angola 2009.*
　　(Womenchildren, W., 2003).

Emanuel Gomes & Markus Weimer. (2011). *Education in Angola: Partnership*
　　Opportunities for the UK. Retrieved August 8, 2020 from https://www.chathamhouse.
　　org/sites/default/files/19414_0511pp_gomes_weimer.pdf

Folke et al. (2008). *Independent Evaluation- SDC Humanitarian Aid in Angola 1995-*
　　2006.

Kiala, C. (2010). *The impact of China-Africa aid relations: the case of Angola*. Policy
　　brief no.

Nsiangengo, P. & André Jacinto Diasala (2008). Teacher training colleges in the rural areas of Angola. *Prospects*, 38(2), 247-261.

Saber Country Report (2009). *Angola Student Assessment*. Retrieved August 8, 2020 from https://openknowledge.worldbank.org/handle/10986/17698

Santinho Figueira & Eunice Inacio. (2012). *Youth and Adult Learning and Education in Angola*. Retrieved August 8, 2020 from https://www.youthpolicy.org/library/wp-ntent/uploads/library/2012_Youth_and_Adult_Learning_Education_Angola_Eng.p df

United Nations Country Team in Angola (2019). *United Nations Sustainable Development Cooperation Framework Angola 2020-2022*. Retrieved August 8, 2020 from https://angola.un.org/sites/default/files/2020-10/Doc-UNSDCF-Angola-ENG-0804.pdf

Chapter 3

安哥拉接受中國援助模式研究

Research on the "Angola Model": Angola as a Chinese Aid Recipient

周平、王宇豪

Peng Chao, Yuhao Wang

本章提要

　　安哥拉模式是中國與安哥拉兩國之間在國際援助方面的良好成果，延續了中國在國際援助過程中一以貫之的互利共贏、平等尊重、注重實踐的援助思路，對國際援助體系的發展與人類命運共同體的構建具有重要意義。但是，安哥拉模式在運行過程中，也面臨著諸多挑戰。安哥拉國內經濟自由化和政治民主化進程的推進，尤其是經濟民族主義思想的興起，也給安哥拉模式帶來了不確定性影響。安哥拉模式需要根據中國與安哥拉兩國人民的根本需求，加以改變與創新。

關鍵詞：安哥拉模式、對外援助、援助模式、經濟援助，葡語國家援助模式

Abstract

　　The purpose of this study is to make contributions to the theoretical and content innovation of the aid model by discussing the effects of the "Angola model" accepted by Angola. The Angolan model is a good achievement in international aid between China and Angola. It continues China's consistent aid ideas of mutual benefit, equality and respect and focusing on practice in the process of international aid, and is of great significance to the development of the international aid system and the construction of a community with a shared future for mankind. However, the Angolan model also faces many challenges during its operation. The advancement of economic liberalization and political democratization in Angola, especially the rise of economic nationalism, has also brought uncertainty to the Angolan model. The Angolan model needs to be changed and innovated according to the fundamental needs of the Chinese and Angolan people.

Key Words: Angola Model, Foreign Aid, Foreign Assistance Model, Economic Aid, Foreign Assistance Model of Portuguese-speaking Countries.

一、前　言

　　對外援助是國際交往與合作的重要工作，是國際關係的重要議題，因此也是國家政治學關注的重要話題。現在，隨著全球化的深化發展，國與國之間不再是遙遙相望不相往來，其聯繫日益緊密，本著合作共贏的國際視野，世界上大多數的國家都參與到了對外援助的工作中，或成為援助的擔綱者，或成為援助的對象。國際援助不僅是援助國與受援國短期建立的一種幫扶關係，還涉及政治、經濟和外交等多個層面的聯繫，同時涉及到一個國家在國際或區域政治中的地位和話語權，以及南北關係的對話交流與國際形勢，對國家關係的發展影響深遠。

　　2002 年安哥拉內戰結束後，急需大量的外部資金，進行戰後基礎設施重建和恢復經濟的工作。但由於安哥拉石油工業在內戰中受到巨大損毀，導致安哥拉石油開採量較低，國家財政缺口較大。此外，安哥拉在向傳統西方援助國與國際組織申請優惠貸款和經濟援助時，面臨苛刻的貸款條件。傳統西方援助國和國際組織要求安哥拉若想獲得國際貸款，必須改革國內的政治體系，推行西方民主化的政治制度，根治國內腐敗亂象，進一步開放市場准入體制等諸多條件限制。但是，安哥拉作為一個主權獨立國家，無論是國家政府，抑或是安哥拉普通民眾，均對這種附帶嚴苛政治前提的貸款充滿抵觸，認為如果安哥拉接受貸款，國家的獨立性就會受到嚴重的損害。因此，安哥拉將視野轉向中國，尋求「不附帶任何條件」的援助項目，中國就在這樣的情況下開始了對安哥拉的大規模援助。中國的這種沒有任何政治先決條件、以資源交換基礎設施貸款的援助模式，被稱作「安哥拉模式」。

二、研究背景概述

　　安哥拉模式是 2004 年由中國政府與安哥拉簽署的雙邊協定。協議規

定，中國向安哥拉提供基礎設施建設貸款，第一期的貸款金額達到 20 億
美元，安哥拉以未來開採的石油資源償還貸款。這種以自然資源交換基
礎設施建設貸款的對外援助模式，建立在制度的基礎上，基於共同的政
治經濟利益訴求，雙方經過談判和協商，以國家權力為保障形成了規範
性的契約，支持通過企業行為建立國與國之間的平等互利的新型經貿合
作關係（張宇炎，2012）。

本研究通過論證中國援助安哥拉的安哥拉模式的援助效果，來證明
安哥拉模式是一項富有成效的對外援助模式。安哥拉模式不僅充實了對
外援助理論的內涵，也為其他援助國起到了借鑒意義。本研究的創新
點，在於概括安哥拉模式注重基礎設施投資的這一重要特點。注重基礎
設施「硬體」的建設，與其他傳統援助國的援助模式偏重單純貸款的特
點形成顯著的差異對比。

本研究的研究意義，在於梳理安哥拉模式效果，進而對現有的現行
的安哥拉模式為代表的中國對外援助體系建設，豐富中國對外援助體系
的理論意義。進行改進建議。首先，本研究通過梳理安哥拉接受國際援
助的歷史與政策演變，總結安哥拉接受國際援助的經驗和規律。其次，
對中國援助安哥拉的安哥拉模式的背景、特點和成效進行論述，並評估
安哥拉模式的效果與存在的不足因素。結論部分，指出安哥拉模式是中
國對外援助的合理成果，安哥拉模式的發展，不僅豐富了當前國際援助
體系的內容，也有利於人類命運共同體的構建。在當前安哥拉國內形式
與國際形勢發展變化的背景下，安哥拉模式也應進行根據安哥拉人民的
根本需求，對援助模式的內容和措施進行符合實踐的改進，從而為中國
與安哥拉兩國關係的良性發展做出貢獻。

三、文獻綜述

很多學科對關注對外援助的議題，政治經濟學、社會人類學等學科
的研究層出不窮，從各個學科視野豐富了對外援助的內涵。本研究主要
以國際關係理論為指導，使用國家利益理論、依附理論、內部因素外化

理論等內容作為理論基礎，研究安哥拉為何接受中國援助模式、安哥拉模式的效果等問題。由於安哥拉模式作為對外援助模式中的一個重要組成部分，因此本研究也對中國對外援助模式的國內外研究現狀進行了總結歸納，充實本研究的理論內容。

（一）對外援助理論分析

1. 現實主義範式下的國家利益理論

當前的國際關係理論，比較強調無政府狀態的國際體系中，主權國家作為理性人來追求利益最大化。國家社會雖然無序，但國家有自身安全和存續的需要，權力是保障國家安全的有力武器，因此權力在國家關係中仍然扮演著重要的角色。以此為前提，國家的對外政策當然要服務於國家的安全和利益，可以說，對外政策就是保障國家安全、實現利益最大化的有力武器。對外援助作為對外政策的一種形式，其目的不僅在於對其他國家的援助，也在於對自身國家的地位維護。Morgenthau（1962）將對外援助分為六種具體的形式，即：人道主義援助、軍事援助、生存援助、聲望援助、賄賂和經濟發展援助。不管是哪種形式的援助，都不是公益性的，而是政治性的，最終目的都是為了維護本國的國際形象和地位，以更好的方式保障自身的利益。

Waltz（1979）對國家利益理論做出了闡述，他指出，對外援助的目的並不單純，它是大國謀求霸權的工具之一，不同形式的援助都是為了建立新的世界秩序，是政治性的工具。冷戰期間，美國與蘇聯對峙，其本質是資本主義陣營國家與社會主義陣營國家之間的對峙。為了爭奪世界霸主的地位，美蘇雙方也使用對外援助來拉攏其他國家。為此，美國啟動了「馬歇爾計劃（The Marshall Plan）」，蘇聯則推出了「莫洛托夫計劃（The Molotov Plan）」與之競爭。兩者提供援助的標準是以意識形態為指導，直接體現出對外援助中追求國家利益的本質特點。

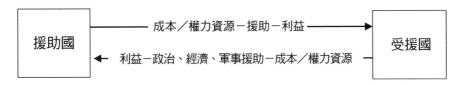

　　🖉 圖 3-1：對外援助中的交換模式

　　本研究選擇國家利益理論作為理論基礎之一，來理解中國對非援助中的安哥拉模式。安哥拉蘊藏有豐富的石油資源，但內戰過後的安哥拉政府，迫切需要國際資金與技術，來修復國內損毀嚴重的基礎設施。中國在進入二十一世紀後，經濟的迅速發展導致國內對於石油資源的需求量激增，迫切需要擴大石油進口管道。因此，安哥拉模式運行的前提，正是中國與安哥拉兩國根據本國的利益需要，所提出的一種經貿合作模式。

2. 國內因素的外化理論

　　國家內部因素的外化理論，是將援助國家的發展與援助相結合，為研究對外援助行為和政策提供了理論依據。Stoke（1995）認為，援助國提供援助時一般都不是無償的，而有一定的附加條件，這種附加條件體現了國內政治和經濟局勢的外部化。對外援助往往伴隨著援助國對被援國的強迫，強迫其接受某些政治經濟條件。因此，他提出對外援助的「條件論」，譬如發達國家在援助發展中國家時，通常以發展中國家的市場化、對外貿易為條件，並對私有化和民主化做出了要求。因此，對外援助也適時援助國向受援國傳遞國家精神的工具。

　　國家內部因素的外化理論為安哥拉模式之間中國的行為，以及安哥拉模式對安哥拉本國的影響提供了理論依據。中國的援助最本質的特點就是「不附加任何政治條件」，這也是安哥拉模式區別於其他傳統援助模式的根本特點。

（二）基於中國援助模式的國內外研究現狀

1. 國內研究現狀

由於國情的原因，中國學術界針對對外援助方面的研究相對來說起

步較晚，導致中國對外援助的實踐活動研究一直缺乏系統性和整體性。
舒運國（2010）、張宏明（2006）、吳兆契（1993）等學者以歷史背景
為出發點，來研究中國對外援助政策的變化以及各個時期的特點，總結
了中國和西方發達國家在對外援助的概念和範圍方面的差異，並認為中
國在對外援助的政策中往往是以援助他國恢復國力為主要目的，在政治
色彩上的目的比較淡化（張浚，2010）。張義明（2007）對於中國對外
援助是一種「變相的殖民主義」說法表示了強烈的譴責，認為中國的援
助可以幫助受援國實現經濟的可持續發展。劉鴻武（2013）從中國對外
援助的歷史、背景、發展過程等多方面入手，將中國的援助與西方國家
的援助進行比較，闡釋了中國的對外援助是具有國際責任的對外援助。
另外，周弘（2008）、黃海波（2007）等學者將研究的重點放在了中國
如何實施對外援助，並以中國和受援國之間通過援建基建配套設施，進
而獲取重要生產資源的案例來進行分析描述。學者劉海方（2011）以中
國和安哥拉之間的援助合作關係作為研究點，通過從政治層面、經濟領
域、貿易合作、文化、教育等方面研究了中國與安哥拉關係，認為中國
在安哥拉內戰時期施以援手是雙方開展援助合作關係的開端，也是 2004
年開始實施的安哥拉模式援建合作最初的雛形。王磊（2018）回顧了中
安兩國在石油貿易領域的發展，認為中安石油合作具有強烈的互補性，
中國石油工業資金雄厚，煉油產能優勢明顯，而當前的安哥拉新政府急
需提升本國煉油能力，因此中安在煉油方面合作空間巨大。

2. 國外研究現狀

關於中國對非援助的研究：Davis（2007）對中國對外援助情況進行
歸納，認為中國對非援助模式是一項互利雙贏政治層面的合作互利戰
略。Brautigam（2012）認為中國在對外援助的政策中，在手段以及實際
操作的方式上做的比較到位，且積極主動，並以實際的中國和受援國開
展援建政策的相關案例，認為中國的對外援助模式是有成效的。但是，
也有一些國外的學者對新時期中國對非援助提出了質疑，認為中國的對
外援助模式是「新殖民主義」。Giry（2004）認為中國對外援助的本質
是為了保證中國自身的能源供應和安全、維護本國利益而使用的援助模

式。Eisenman（2006）認為中國對非援助中的「不附加任何政治條件」原則造成了非洲國家人權問題和治理問題，中國的援非模式存在明顯的缺陷。雖然這些論調大多存在意識形態對抗的色彩，但其中提到的某些事實也客觀上反映了中國對非援助中存在的一些問題和不足。

美國學者 Campos（2012）將研究分析的切入點放在了政治環境、經濟、貿易及能源等方面分析了中國與安哥拉的關係，認為安哥拉接受中國的援助，能夠妥善解決國內的經濟貧困和區域治理問題，但是，中國移民大量湧入安哥拉也對安哥拉的勞動力市場造成了劇烈衝擊。Jackson（1995）研究了安哥拉外交史，認為中國與安哥拉同為第三世界國家，都有過被殖民的經歷，具有合作的歷史基礎。安哥拉看到中國對外援助的巨大影響和中國自身的建設成果，選擇中國作為援助夥伴國，是因為安哥拉對中國抱有期待。

綜合國內外關於安哥拉模式的研究情況，主要的問題如下：首先，目前無論是國內還是國外，關於安哥拉模式的專業研究還是缺乏的，並且涉及安哥拉模式的相關論文也寥寥無幾。此外，還有部分研究僅僅以安哥拉自身的狀況為出發點，並沒有將援建政策中開展援建的中國也納入到研究之中；其次，國外的研究主觀性過強，認為中國和受援國開展的資源換取基建援助的合作方式，其最終目的是中國想在這些國家謀求政治上的優勢並攫取受援國資源，觀點略顯先入為主；最後，國內外研究中針對安哥拉模式的存在意義，忽視了安哥拉模式對於中國和其他受援國在對外援助模式選擇方面的借鑒和補充作用。

（三）研究框架

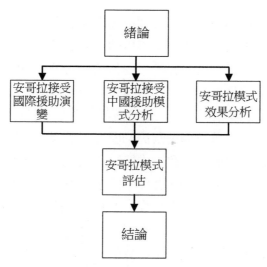

安 圖 3-2：研究架構圖

四、安哥拉接受中國援助模式的原因及安哥拉模式的形成

（一）安哥拉接受中國援助模式的原因

1. 不附帶政治條件的援助模式，更易使安哥拉接受

安哥拉模式的最核心的特點是不附帶政治條件，與「不干涉他國內政」這一中國外交的基本原則相一致。為了理解安哥拉模式的這一特徵，有必要介紹西方傳統援助國援助模式的不同路徑。

西方國家的援助思路，通常是以意識形態輸入為目標，通過經濟援助，督促受援助國家變革社會政治制度，改變政治組織形式和話語，擴大西方民主國家的陣營。西方各國以及以西方國家為首的國際援助機構，以西方民主制度作為判斷依據，根據不同受援國的政治民主程度與濟開放程度，對援助條件與援助規模進行調整。1991 年 7 月，西方七國首腦會議規定非洲國家要想獲得經濟援助，必須改革政治制度，實行民主

化管理。在政治上實行多黨制、民主制；經濟上開放自由市場，實行市場化體系；文化上抵禦社會主義文化，推崇西式個人主義等。但是，這種強制民主化的制度在推進的過程中也出現了水土不服的症狀。毋庸置疑，發達國國家針對發展中國家的援助，促進了受援國經濟的增長，改善了政治結構與民主制度，但是，西方國家的民主制度並不能簡單地複製和移植，這樣不僅不能改善受援國家的民主狀況，還會加深其政治危機，導致政治動盪，經濟衰退，社會衝突加重。

中國與安哥拉都曾有過被殖民的歷史，兩國有著相似的歷史訴求，都反對他國干涉自身國家內政。中國一貫奉行不干涉他國內政的外交政策，基於平等與尊重的原則，在「不附帶任何政治條件」的前提下，與非洲國家開展經貿合作。安哥拉模式的實施，使得安哥拉在與中國的合作中獲得了急需的基礎設施建設資金，並得到了中國在科學技術和人力資源方面的支持。安哥拉在採納中國的援助模式之後，拒絕了西方國家與國際組織所提出的附加苛刻政治條件貸款的援助模式，增強了安哥拉政府的政治與外交自主性，實現了安哥拉的獨立發展。

2. 注重基礎設施建設，符合安哥拉根本利益需求

以基礎設施建設為重點的多層次、寬領域、全方位的中安合作是安哥拉模式的重要特點，也是安哥拉接受安哥拉模式的根本原因。中國公司憑藉較低的成本優勢與寬鬆的優惠貸款條件，在安哥拉通過合法招投標的方式，承建了大量基礎設施工程專案。

中國在農業、居民住宅、交通運輸、石油開採等領域的基礎設施建設，提升了安哥拉經濟的多元性水準，並幫助安哥拉逐步建設本國的經濟產業體系。安哥拉模式將中國的基礎設施建設能力充分發揮出來，對國際援助模式的內涵做出了充分的補充。

安哥拉之所以接受中國的援助模式，在於中國提出的援助模式符合安哥拉人民的根本需求，也符合安哥拉本國的根本利益。安哥拉模式被採納的原因，有以下兩個方面：首先，安哥拉模式不附加任何先決政治條件，不去對安哥拉本國的政治和經濟制度進行干涉，這與中國不干涉他國內政的外交基本國策相契合。不附加政治條件的援助模式，更容易

得到安哥拉政府的支持和安哥拉人民的擁護，有利於安哥拉實現政治獨
立性與經濟自主性。其次，安哥拉模式注重基礎設施建設的特點，符合
安哥拉的根本需求。與傳統援助國援助模式中側重貸款的發放不同，安
哥拉模式中的貸款專案用於基礎設施建設，提升安哥拉基礎設施建設水
準，從而得以優化安哥拉的營商環境。基礎設施體系的構建與完善，有
利於奠定安哥拉經濟實現可持續發展的基礎，使得安哥拉擁有自主發展
的能力。安哥拉模式注重基礎設施建設的特點，不僅將安哥拉模式與其
他傳統援助模式區別開來，也成為安哥拉接受中國援助模式的根本原因。

（二）安哥拉模式的形成

安哥拉自內戰結束之後便進入了漫長而艱辛的國家重建時期。在這
個時期內，由於安哥拉本身經濟狀況較差，石油化工產業為安哥拉支柱
型經濟產業，石油出口占安哥拉出口總額的 90%以上。但是常年內戰導
致石油產業遭到破壞，設備損毀嚴重，相關技術人員嚴重匱乏，石油出
油量較低。石油開採所帶來的資源紅利集中於安哥拉國內既得利益階
層，普通群眾並沒有從中受益。2004 年，石油產業的總產值僅僅只占據
了安哥拉 GDP 的 8 個百分點。由於經濟結構過於單一，且沒有其他產業
來支撐安哥拉的經濟，因此導致了安哥拉經濟形勢十分危急，國家外債
已達到 100 多億美元。如此失衡的經濟發展狀況，使得安哥拉始終處在
一個蕭條的局面。

表 3-1：2000-2004 年安哥拉主要經濟指標變化情況

指標	2000	2001	2002	2003	2004
國內生產總值（百萬美元）	8900	9500	11200	12200	17000
國內生產總值實際增長率（%）	3.3	3.2	15.3	4.7	12.2
出口總額（百萬美元）	7920.7	6534.3	8327.9	9508.4	12974.4
進口總額（百萬美元）	3303.9	3179.2	3760.1	5480.4	5754
外債總額（百萬美元）	9400	9200	9300	9700	9500
通貨膨脹率（%）	325.5	152.6	108.9	98.2	43.5

資料來源：世界銀行資料庫。

　　2004 年，在中國以及安哥拉雙方友好溝通下，雙方協商並簽訂了多項戰略合作協議，標誌著安哥拉模式開始正式宣告進行。同年 3 月，中國進出口銀行與安哥拉國家財政部簽訂了中安兩國財政框架合作協議，中國將向安哥拉提供基礎設施建設專項貸款 20 億美元，而安哥拉以日後開採出來的石油資源作為該筆款項的償還，並在定價上以當日國際基礎油價為參考。這種以自然資源換取基建貸款的模式其實就是安哥拉模式。

　　安哥拉模式第一期協議分為以下三個階段進行：

　　在協議簽訂階段，由安哥拉政府提出資金申請，中國進出口銀行進行審核，最終經過中國商務部評估同意之後，與安哥拉簽訂財政框架合作協議。中國進出口銀行和安哥拉財政部簽署貸款協議，而安哥拉方面對各類基建工程開展招投標活動，中國工程承包商中標後，進行基礎設施建設工程。

　　在專案運作階段，中國工程商在完成基建類專案之後，經過和安哥拉當地協商委託具有相關資質的第三方監理機構，來對目前工程完成情況以及完成進度進行評審，並將相關情況回饋給安哥拉當地職能部門，最終上報安哥拉政府進行申請工程款的支付工作。而安哥拉政府和中國進出口銀行經過一致審核並通過後，由中國進出口銀行最終支付相關工程款項。

　　在款項償還階段，根據之前所簽訂的資源換基建的框架協議的內容，安哥拉政府根據當天的石油交易價格，向中國石油公司提供 10,000 桶原油／天，並承諾中國原油公司擁有安哥拉油田的優先開採權。而中國石油公司通過將這些石油加工銷售所得款項向，中國進出口銀行償還之前的貸款（唐曉陽，2010）。

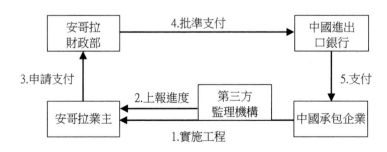

🎵 圖 3-3：安哥拉模式資金流動及業務流程圖

資料來源：李昭潔（2016）。淺析中國對非援助的〝安哥拉模式〞。北京。

　　安哥拉模式下第一期優惠貸款協議實行兩步走的戰略，共計 102 個專案，其涉足範圍涵蓋了水利水電、醫藥衛生、教育普及、通信土建、公共事業等內容。其中，中國對於安哥拉進行援助的主要領域集中在醫療教育、農業農耕、電力能源、鐵路交通等。醫院和學校是醫療教育援助的主要內容，農機器具、農耕作業等是農業農耕領域援助的主要內容。

⊘ 表 3-2：安哥拉模式第一期貸款協議中國對安哥拉援助專案

援助部門	合同數量	總金額（百萬美元）
衛生	10	249.9
教育	11	446.8
能源與供水	11	388.7
農業	4	203.7
交通	1	13.8
公共工程	3	301.2
漁業	3	266.8
通信和郵政	4	276.3
總數	47	2147.2

資料來源：Campos, Indra and Vines, Alex (2008). *Angola and China: A Pragmatic ship*. Center for Strategic and International Studies Working Paper, 103, 2.

　　2007 年，中國和安哥拉簽署總金額超過 25 億美元的二期框架合作協議。在第二階段協議中，中國更加重視符合安哥拉自身可持續發展需求的援助專案，並致力于提升安哥拉本國企業參與項目建設的積極性。

表 3-3：安哥拉模式第二期貸款協議中國對安哥拉援助專案

援助部門	合同數量百分比（%）	總金額（百萬美元）
市政工程	20	905.5
教育	14.2	642.5
交通	12.6	572.8
農業	11.7	530.6
能源	11.3	514.1
醫療	9	409.3
電子通信	9	408.2
供水	5.5	252.8
司法	0.9	41.1
總計	94.2	4276.9

資料來源：根據安哥拉政府已公開資料編製而成。

　　2010 年相關數據統計，中國已經累計向安哥拉提供了超過 45 億美元的資金援助，並承諾在未來將持續幫助安哥拉恢復國民經濟。就目前援助範圍而言，已經有超過 60 家知名國企以及 400 餘家知名民企參與到援助安哥拉的基礎建設工作中。就從組成而言，鐵路專案、港口機場、學校醫院、高速公路是基礎建設工作中最為典型的代表。這些基礎設施的建設並投入使用，為安哥拉經濟的復蘇和振興提供了強大的作用力，還讓中國和安哥拉人民之間的關係有了更深入的發展，這對兩國之間的友好關係的提升是十分重要的。

五、安哥拉模式的評估

　　安哥拉模式引起了安哥拉和西方國家的反響。安哥拉政府在接受中國的援助之後，走上了獨立發展的道路，修復了因長期戰亂而損毀的基礎設施，提升了安哥拉的經濟發展能力。西方國家指責中國不附件政治條件的援助模式，不利於安哥拉提升政治民主制度和自由市場經濟制度

的建設，損害了安哥拉的可持續發展進程。中國過多地攫取了安哥拉當地的資源和市場，安哥拉模式是一種新的殖民主義模式。但是，安哥拉和部分西方國家也出現了積極評價安哥拉模式的聲音，認為安哥拉模式是一種成效顯著的對外援助模式。

（一）安哥拉模式的積極影響

1. 幫助安哥拉經濟實現可持續發展

安哥拉模式實施以來，安哥拉經濟發展處於快速增長期，成為世界上經濟增長最快的經濟體之一。根據世界銀行統計資料，安哥拉 2004 年至 2008 年國內生產總值的年增長率一直保持在 10% 以上。安哥拉以石油出口為經濟支柱產業，但是長期內戰嚴重阻礙了相關產業的發展。2002 年，安哥拉的石油出口產量不到 90 萬桶。在安哥拉模式的幫助下，安哥拉石油出口量不斷上升，2008 年已達到 200 萬桶，成為世界上重要的產油國。

◈ 表 3-4：2002-2013 年安哥拉 GDP 增長速度　　　　　單位：%

年份	2002	2003	2004	2005	2006	2007	2008	2009	2010	2011	2012	2013
增幅	10.6	-0.2	7.4	16.7	14.9	19.1	10.6	-2.1	3.0	8.5	4.9	0.9

數據來源：世界銀行開放資料庫（http://data.worldbank.org.cn）。

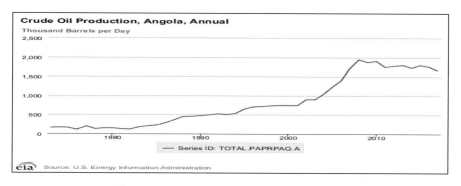

♪ 圖 3-4：1973-2017 年安哥拉石油產量圖　　　單位：千桶

資料來源：美國能源資訊署（http://www.eia.gov）。

在安哥拉模式的框架下，安哥拉基礎設施建設繼續加速，覆蓋交通、衛生、教育等多個領域。基礎設施的建設，不僅為安哥拉工業和商業的進一步發展提供「硬體」支持，而且為安哥拉創造了眾多就業機會，刺激安哥拉本國勞動力市場的發展。據相關資料統計，僅在安哥拉模式框架協議第一期中的 33 個專案，就已經雇傭了 1,872 名安哥拉當地工人。中國企業以服務安哥拉經濟可持續發展為目的，積極培養安哥拉當地員工的技術水準與職業能力。被雇傭的安哥拉工人在專案實踐中，能在中國工人的幫助下提升職業素養，並且，根據安哥拉模式框架合作協議的安排，中國公司帶來的先進的生產設備與技術方法，也在專案完工後移交給安哥拉企業，有助於提高安哥拉企業的從業水準。

表 3-5：安哥拉模式框架協議第一期專案工人雇傭情況

工程專案	安哥拉員工（人數）	中國員工（人數）	員工總數（人數）	當地員工比例（%）
灌溉（5 項）	307	72	379	81
電站（4 項）	335	451	786	43
學校（9 項）	676	376	1052	64
醫院（13 項）	554	365	919	60
總計	1872	1264	3136	248

資料來源：根據安哥拉財政部公開信息編製而成。

2. 為其他非洲國家提供借鑒意義

安哥拉模式是在中國對外援助的實踐中，產生的合理對外援助模式。安哥拉模式的發展為其他國家與中國的交往提供了充分的借鑒意義，逐漸成為中國對其他非洲國家在對外援助與經貿合作方面的基本模式，蘇丹、剛果（金）、加蓬等國也先後同中國簽署了類似的合作協議。

中國在剛果（金）的投資是安哥拉模式在非洲國家的一個發展範例。2007 年，中國進出口銀行、中國鐵路工程公司以及中國水利水電建

設集團公司組成聯合體，與剛果（金）政府簽署協議，雙方成立合資企業，開展剛果（金）境內的基礎設施建設。中方協助建設基礎設施專案，以交換剛果民主共和國的鑽石和金礦等礦產資源。協議簽署以來，中剛經貿合作往來密切，據中國商務部統計，2015 年中國對剛果民主共和國非金融類直接投資額為 3,314 萬美元，投資存量為 11.27 億美元。據中國海關統計，2015 年中剛雙邊貿易額達到 40.60 億美元，在中國與非洲國家雙邊貿易額中排名第九（中華人民共和國駐剛果（金）大使館經濟商務參贊處，2017）。中國政府還與剛果（金）政府在農業、醫療衛生和基礎設施等領域開展合作，建設了體育場、醫院和農業示範中心等，為促進剛果民主共和國的經濟社會發展發揮了積極作用，受到剛果（金）政府和人民的好評。

📎 表 3-6：2011-2015 年中剛雙邊貿易統計　　　　　　（單位：百萬美元）

年份	進出口總額	中國出口	中國進口
2011	3994	827	3167
2012	4354	837	3517
2013	3710	950	2760
2014	4184	1362	2822
2015	4060	2647	1413

資料來源：中華人民共和國駐剛果（金）大使館經濟商務參贊處（2017）。《中剛兩國經貿合作概況》，http://cd.mofcom.gov.cn/article/zxhz/201508/20150801077744.shtml.

3. 促進西方改革對非援助模式

安哥拉模式實施後，西方傳統援助國和國際組織借鑒安哥拉模式特點與經驗，傳統的援助領域發生變化，基礎設施建設規模得到全面改善。自 2000 年以後，美國與非洲的貿易額逐漸減少。Obama 總統上臺後，於 2012 年提出投入超過 70 億美元用於發展非洲的電力生產和可再生能源勘探利用等專案。在安哥拉模式出臺後，傳統援助國看到了中國援助模式的效果與發展潛力，紛紛調整了自身的對外援助政策，增加對

受援國基礎設施建設的投資，然後直接與中國的對外援助相競爭。由於受援國對基礎設施的需求遠大於援助國的供給，中國與傳統援助國在基礎設施方面的競爭會逐漸加深，給未來中國對外援助造成挑戰。

（二）安哥拉模式的不足因素

1. 中國方面

市場競爭方面。中國企業在安哥拉基礎設施專案建設過程中，擁有低廉的產品價格和較強的市場競爭力，對安哥拉當地建築公司造成了威脅。受限於安哥拉當地材料和勞動力價格高昂的因素影響，出於節約建設成本的考慮，中國企業很少選擇使用當地分包商與供應商，而是從中國進口原材料與器械，招募中國工人進行專案建設。雖然中國公司出於利用安哥拉當地資源優勢的考慮，願意將工程分包給安哥拉當地企業，但從整體上看，來自中國的分包企業仍然占安哥拉模式框架協議中的主要部分。安哥拉政府出於保護本國企業利益和勞動力市場的穩定等因素，在新的合作協議中規定中國公司須將專案總額的 30%分包給安哥拉企業，並且通過補貼、培訓等方式提高安哥拉勞動力市場的競爭力。但是，許多中國企業對與安哥拉本國企業開展合作心存疑慮。首先，許多中國公司對安哥拉當地公司的工程品質和工程速度不滿意。其次，由於中國企業承包的專案大多是技術含量低、工程利潤有限的普通專案，無法負擔本地分包商提出的專案費用，囿於市場競爭意識，中國援建企業只能去選擇報價較為低廉的中國分包商。中國企業無法聘請大量本地工人和當地分包商，也加重了安哥拉政府與人民對於中國企業的輿論壓力。

就業和技術轉讓方面。安哥拉模式實施後，中國在安哥拉啟動了大量的基礎設施建設專案，中國企業和人員在安哥拉的數量猛增。據統計，安哥拉的華人數量從 2004 年前不足 2,500 人猛增至 2007 年的 4 萬人以上。雖然中國公司為安哥拉創造了許多就業崗位，但是中國公司更偏向於雇傭中國工人從事專案建設和運營工作。安哥拉當地員工占整個框架協議下工程從業人員的 60%以上，但是在關鍵的技術崗位上，安哥

拉本地員工比例大約僅為 30%，並且在許多關鍵的技術工種，例如電工、木工、管道工等崗位，安哥拉本國工人的技術水準與中國工人之間仍然存在較大的差距。因此為了確保專案按時完工，中國工程承包商只能雇傭中國籍工人。

2. 安哥拉方面

首先是金融風險。由於安哥拉長期處於持續的內戰之中，國家經濟重建工作起步較晚，導致安哥拉銀行運營與監管體系仍存在許多不完善之處。主要表現在：銀行業務大多以對公業務為主，受政府政策影響較大，私人業務量較少，也缺乏相應的經驗；外匯儲備不足，銀行支付能力不強；安哥拉的國家貨幣政策和相關法律法規不健全。這些因素都對安哥拉吸引外部資金流入帶來阻礙。此外，根據透明國際組織（Transparency International）2018 年 10 月發布的《全球清廉指數排名》，在統計的 140 個國家中，安哥拉排名 137 位，得分 19（分值 0-100）。該國際組織認為，儘管安哥拉擁有著豐富的石油儲備資源，但是安哥拉政府在國家財政管理與使用方面資訊透明度差，安哥拉國內權力尋租、「家族式」腐敗現象嚴重。貪腐之風也給中國企業對安哥拉的投資帶來不確定性風險。

其次是經濟風險。安哥拉的經濟支柱產業以石油工業為主，帶有典型的「資源型」經濟色彩，經濟基礎較為薄弱。安哥拉的對外出口也以原油和石油初級產成品為主。據安哥拉國家統計局統計，2017 年，石油工業產值占安哥拉總產值的 30.3%。安哥拉的經濟增長十分迅速，根據國際貨幣基金組織的統計數據，在 2001-2011 年間，安哥拉年度平均經濟增長率為 11.1%，位居全球第一位。但是，以石油為支柱的產業經濟態勢，極易受國際經濟走勢和油價波動的影響，2014 年國際油價下跌以來，對安哥拉經濟造成的風險損失加大。此外，安哥拉的農業、製造業和服務業發展落後，不適應當今安哥拉發展的需求。世界銀行統計顯示，2008 年安哥拉的農業、製造業、服務業占安哥拉國內生產總值比重的 6.7%、4.7%、25.7%，而石油業所占比重高達 67.8%。安哥拉單一經濟結構固化嚴重，國家依靠石油收入作為主要收入來源，受國家市場供

給變動影響較大，導致安哥拉國民經濟存在一定的脆弱性。安哥拉產業結構問題如果不能妥善解決，不能實現經濟的適度多元化，必然會影響安哥拉經濟的可持續發展，損害在安投資的外國企業的利益。

最後是政治風險。安哥拉的卡賓達省周邊海域石油儲量豐富，石油產量約占安哥拉全國總產量的 70%以上，各國石油公司的投資也大多集中在這一地區。但是，卡賓達政治衝突不斷。當地反動武裝分子長年與安哥拉政府對抗，謀求建立獨立的「卡賓達共和國」，並且，卡賓達社會矛盾尖銳，本地人民沒有享受到石油開採所帶來的「紅利」，加之當地部族社會結構固定，導致衝突時常發生。中國企業投資的第 15、17、18 等石油生產區塊靠近卡賓達海域，卡賓達也是中國公民與企業在安哥拉最大的聚居地。該地持續的衝突和緊張的局勢，阻礙了安哥拉模式的良性發展。

安哥拉模式產生了積極的影響。首先，以資源交換基礎設施建設的合作模式引起了廣大不發達國家的回應，中國與尼日利亞、蘇丹等國先後簽署了類似的合作援助協議。其次，安哥拉實現了經濟發展的初步多元化，產業經濟形勢得到改善。再次，安哥拉模式使傳統的西方援助國看到了基礎設施建設的直接影響。傳統援助國開始注重受援國的民生與經濟發展，加大對基礎設施建設的援助力度，相繼出臺了一系列新的對外援助方案。安哥拉模式也有不足之處，對於安哥拉方面來說，存在著政治、經濟及金融等方面的不穩定因素；對中國方面來說，暴露了中國援助企業的用工、管理以及企業社會責任等問題。

六、結　語

在安哥拉模式的框架合作協議下，中安兩國以企業為主導，以政府為推動，促使兩國間雙邊合作與交往日益加深。中國對安哥拉的優惠貸款、固定投資、基礎設施計畫建設和技術支持為安哥拉經濟的可持續增長做出了貢獻。但是，受援國的發展，仍然是要以本國的政府和人民為主。資源換基礎設施的合作模式，是根據中國和安哥拉兩國的實際國

情，所採用的一種經貿合作和援助模式，並不是在每一個非洲國家都能適用。

安哥拉模式在取得成效的同時，在日益變化的國際與國內形式背景下，也面臨著諸多挑戰。不僅有來自中資企業的因素，也有來自傳統西方援助國的因素，還有來自其他不發達國家的因素。出於維護本國能源安全、服務本國能源市場需求的考慮，傳統援助國在看到安哥拉模式的運行成效後，也加大了在基礎設施方面的援助建設，與中國形成了直接競爭的格局；並且，受到國際形勢的影響，安哥拉國內民族保護主義勢力抬頭，國內政治民主化進程加快，也會為安哥拉模式的運行帶來不確定的風險。面對以上形式的變化和安哥拉模式所暴露的問題，安哥拉模式應適時加以調整：

（一）改進援助體系，提高援助能力

在發展實踐中，安哥拉模式也出現了一些問題，譬如中國對外援助缺乏系統規劃和規範的評估標準，所以一些援助專案並不符合安哥拉的實際國情，不符合受援國政府和人民的實際需求，因此實施效果並不理想。

安哥拉等非洲國家接受中國的援助，其根本目的是維護國家的利益，實現經濟可持續發展。因此中國在援助的過程中，除了幫助安哥拉興建援助專案外，更應該鞏固援助成果。中國應密切關注已完成的有效援助專案，更新技術落後的機械設備，積極培訓安方人員的綜合素質與職業技術，保證專案的持續發展與運行。

（二）加強多邊援助，融入國際大局

由於各自意識形態和國際利益存在分歧，導致中國與傳統援助國之間缺乏溝通與交流，雙方之間合作範圍較少。中國未來應加強同西方傳統援助國和國家組織間的合作，譬如，建立良好的溝通機制，促進參與雙方的對話和經驗分析，在「求同存異」的基礎上談合作，謀利益。

（三）加強文化交往，增進彼此共識

　　中國與安哥拉兩國在文化上存在著較大的差異性。中國與安哥拉在政府層面的溝通管道相對順暢，但在公共和社會層面仍然缺乏溝通和互動。語言問題是中資企業進入安哥拉首先要面對的問題。中方一方面要加強對葡萄牙語人才的培養，另一方面也應加強安哥拉員工的漢語教學工作，提高安方員工對中國的認識與了解。中國企業還應在條件允許的情況下，加強與當地政府、群眾的聯繫，共同舉辦文化娛樂活動，增加彼此的好感與信任。2014 年，安哥拉內圖大學、中國哈爾濱師範大學、中信建設有限公司合作建立了安哥拉內圖大學孔子學院，也是安哥拉第一所孔子學院。中資企業以孔子學院的建立和推廣為契機，同孔子學院開展合作，通過舉辦培訓班、開展中國文化講座等形式，讓安哥拉員工更多了解中國語言與文化，在文化層面上增進兩國人民的了解，減少文化差異性所導致的矛盾與衝突。

　　中國應向到安哥拉投資和參與工程建設的中方人員進行提前培訓，讓員工了解當地的風土人情等基本資訊。中國應在法律允許的範圍內，對體制進行適當的革新，鼓勵在安哥拉的中國工人與管理人員加強與安哥拉群眾的交流，積極融入安哥拉當地社會。中方企業也可以通過設立教育基金、建立學校或文化機構等形式，支援安哥拉地方文化事業的發展，便利安哥拉群眾的生活。

✑ 參考文獻

中華人民共和國國家統計局（2016）。中國國家統計年鑑。

中華人民共和國駐安哥拉大使館（2019）。安哥拉國家概況。

中華人民共和國駐剛果（金）大使館經濟商務參贊處（2017）。中剛兩國經貿
合作概況。檢自 http://cd.mofcom.gov.cn/article/zxhz/201508/20150801077744.
shtml

中華人民共和國駐剛果（金）大使館經濟商務參讚處（2017）。中剛兩國經貿
合作概況。

王磊（2018 年 10 月 16 日）。中國與安哥拉能源合作，中非合作良好示範。中
國石油報，第 6 版。

世界銀行開放數據庫。檢自 https://data.worldbank.org.cn/indicator/NY.GDP.MKTP.
KD.ZG。

吳兆契（1993）。中國和非洲經濟合作的理論與實踐。北京：經濟科學出版
社，154。

汪峰（2011）。中國與安哥拉石油合作解析。中國石油大學學報，(1)，15-17。

辛嶺、蔣和平（2007）。安哥拉農業考察。世界農貿，(1)，9-10。

周弘（2008）。中國對外援助與改革開放 30 年。世界經濟與政治，(11)，51-
54。

唐曉陽（2010）。評析中國與安哥拉經濟合作的新模式。西亞非洲，(7)，56-
60。

張宇炎（2012）。中國對「安哥拉模式」管理政策變化分析。國際觀察，(1)，
78-82。

張宏明（2006）。中國對非援助政策的沿革及其在中非關係中的作用。亞非縱
橫，(4)，14-16。

張浚（2010）。不附加條件的援助：中國對非援助政策的形成，外交評論：外
交學院學報，(5)，33-35。

張義明（2007）。對西方「新殖民主義」之考與中非合作之辯，東南亞縱橫，
(4)，57-59。

梁根成（1991）。美國與非洲─第二次世界大戰結束至 80 年代後期美國對非洲
    的政策。北京：北京大學出版社，208。

透明國際組織。檢自 http://www.transparency.de。

舒運國（2010）。中國對非援助：歷史、理論和特點。上海師範大學學報，
    (5)，21-26。

黃海波（2007）。中國對外援助機制：現狀和趨勢。國際經濟合作，(6)，28。

劉海方（2011）。安哥拉內戰後的發展與中安合作反思。外交評論，(2)，66-
    69。

劉鴻武（2013）。中國對外援助與國際責任的戰略研究。北京：中國社會科學
    出版社。

Alex Vines (2009). *Thirst for African Oil: Asian National Oil Companies in Angola*.
    Chatham House, Bristol, 102.

Ana Christina Alves (2009). *Building Bridge: China's growing role as infrastructure
    financier for sub-Saharan Africa*. The World Bank, Washington DC, 12.

Brautigam, D. (2012). *The Dragon's Gift: the real story of China in Africa*. London:
    Oxford University Press, 193-195.

Campos, I. (2012). *China and Angola*. Johannesburg: Pambazuka Press, 94.

Davis, P. (2007). *China and the End of Poverty in Africa: Towards Mutual Benefit?* .
    Sundbyberg: Diakonia

Eisenman, J. (2006). Zimbabwe: China's African Ally. *China Brief*, 82, 5.

Frynas, G. &Wood, G. (2001). Oil & War in Angola. *Review of African Political
    Economy*, 28(90), 578-606.

Giry, S. (2004). China's Africa Strategy. T*he New Republic*, 231, 20.

Giry, S. (2014). China, Africa and the U.S.: Something Old, Something New.
    American Abroad Notes on the Foreign Africa, 5, 29.

Jackson, S. F. (1995). China's third world policy: Angola and Mozambique. *China
    Quarterly*, 142, 388-422.

John Stochwell (1978). I*n Search of Enmies*. A CIA Story, New York, 209.

Morgenthau, H. (1962). A Political Theory of Foreign Assistance. *The American
    Political Science Review*, 301-310.

Peter Bosshard (2008). China's Environmental Footprint in Africa. *Working Papers in African Studies*, 2, 1.

Samir Amin (2011). Unequal Equals: Angola & China. *World Affairs*, 12, 44-50.

Holslag (2009). China's New Security Strategy for Africa. *Parameters*, 6, 2.

Stoke, O. (1995). *Assistance and Political Conditionality*. EADI Book Series, 12.

Waltz, K. (1979). *Theory of International Politics*. New York: Random House.

安哥拉主流媒體與中國對安醫療援助的認知

The Angolan Mainstream Media and Its Understanding about Chinese Medical Assistance to Angola

周平、吳佳鈺

Peng Chao, Jiayu Wu

本章提要

　　隨著多年來中國對安哥拉醫療援助，安哥拉原本匱乏的醫療得以改善，中國對安醫療援助也成為了媒體界一個新亮點。本文選區安哥拉最具影響力的主流媒體《安哥拉日報》和《安哥拉通訊社》2009 至 2019 年間的 253 篇涉中國對安哥拉醫療援助報導文本進行分析，發現由於認知習慣差異以及西方大國媒體阻礙了國家之間的交流與理解，但並不影響安哥拉媒體在中國對安醫療援助報導中所持的中立立場和肯定態度。本文認為，通過建立起中國、傳統援助國和受助國之間的合作關係，解決認知分歧，提高和改善中國在安哥拉媒體心目中的形象。

關鍵詞：安哥拉、醫療援助、媒體認知、對外援助、認知差異

Abstract

　　With China's medical assistance to Angola over the years, the original lack of medical treatment in Angola has been improved, and China's medical assistance to Angola has also become a new highlight in the media circle. According to the analysis of 253 articles of Chinese medical aid reports on Angola from 2009 to 2019 by the most influential mainstream media in Angola, Daily Angola and News Agency of Angola in the constituency of this paper, it is found that the communication and understanding between countries are hindered by the differences in cognitive habits and the media of major western countries. However, this does not affect the neutral position and positive attitude of Angolan media in China's reports on medical assistance to Angola. This paper holds that through the establishment of a cooperative relationship between China, traditional donor countries and recipient countries, the cognitive differences can be resolved and the image of China in the eyes of Angolan media can be enhanced and improved.

Key Words: Angola, Medical Assistance, Media Cognitive, Foreign Aid, Cognitive Difference

一、前　言

（一）研究背景

　　安哥拉是非洲發展中國家之一，長期受制於醫療設施的落後、人民貧困和疾病氾濫，公共衛生條件十分落後。中國政府自 2009 年 6 月向安哥拉派遣第一批醫療援助隊以來，對安哥拉醫療援助中從未中斷，援助隊伍不斷壯大，逐步形成了以中援安醫療對口、中對安對口醫院、安哥拉當地瘧疾防治中心、藥品和醫療設備捐贈、醫護人員培訓等全方位立體式醫療援助體系。

　　2019 年中國與安哥拉正式簽訂《中華人民共和國政府和安哥拉共和國政府關於中國派遣醫療隊赴安哥拉工作的議定書》，從 2019 年中安兩國簽訂醫療衛生合作協定至今，中方已經累計調派超過 70 餘支醫療團隊赴安國，累計救助安哥拉人民超過 20 萬人次。中國對安哥拉提供的醫療支援效果顯著，合作成果惠及廣大安哥拉人民。

　　近十年來中安關係儼然成長為具有全球性、戰略性的雙邊關係。隨著兩國交往的深入，安哥拉國內媒體關於中國報導的數量不斷增加，報導內容日益全面，一定程度上影響著國內公眾對中國的認知判斷。在當前的國際社會形勢下，以安哥拉為代表的非洲國家對西方國家提供的「人道主義援助」的期望逐步減弱，轉而寄希望於以中國為代表的新興發展中國家的國際救助。

　　在這樣的國際社會背景之下，本文希望基於安哥拉當地對中國援安的新聞報導進行研究分析，為中國向其他非洲國家提供國際援助的意識形態偏差問題提供合理的答案。

（二）研究意義

　　從理論方面，媒體對國際問題的報導常常會影響一國公民對世界其他國家的看法。從長期以來，對於國際社會對外援助的報導大多集中於

政治和經濟領域，大多數報導也只集中在物質層面，並沒有對外交行為做出更為深入的分析。本文創新性的從認知角度分析中國對安哥拉的醫療援助行為，拓展了對醫療援助和媒體報導相結合的研究方向。通過了解受助方和援助方的相關情況，不僅僅能夠有助於了解在國家外交中的客觀環境，還有有助於滿足中國外交活動利益的真正需求，這在以往的研究中是沒有人論述過的。

從現實方面，非洲國家對中國的國際地位的提升具有重要的戰略意義。安哥拉媒體對於中國報導的數量不斷增加，報導內容日益全面，在一定程度上左右安哥拉國內民眾對中國的認知。反之，中國對安哥拉的援助是中國對非洲國家外交的重要組成部分，並且已經取得了卓越的成效。對了解安哥拉主流媒體對中國在安哥拉醫療援助的國家情況的報導，以及中國與安哥拉的經貿發展都具有重要的參考價值意義。

（三）研究目的及內容

本文對安哥拉主流媒體涉華醫療援助報導的總體情況進行整理分析，包括報導數量、報導篇幅、報導傾向等，並在此基礎上闡釋說明出安哥拉主流媒體涉華報導的框架選擇，從而較為全面地展現安哥拉主流媒體對中國醫療援助的看法及對中國的國家形象會產生怎樣的影響。

（四）研究方法

1. 文獻研究法

本文通過對國際援助、中安外交關係、認知理論等大量相關文獻的研究，從中了解並總結相關理論與歷史事件的發展，探討了安哥拉主要媒體對中國醫療援助的報告及相關影響因素，為後續進行更深層次的理論分析奠定了案例分析基礎。

2. 歷史研究法

本文使用了中國和安哥拉政府，《安哥拉日報》和《安哥拉通訊社》2009 年到 2019 年 253 篇有效官方網站發布的公開資料，通過對中

安在援助實踐上，分析出中國對安哥拉的援助都是發展援助，都是無償贈款和無息貸款，這與發達國家的對外援助措施有所不同。

3.跨學科研究法

本文是在研究安哥拉對中國醫療援助的相關媒體報導的基礎為目的，引入認知理論的心理學、傳播學、社會學層面進行研究，使文章的研究內容更加充實，可信度更高。

（五）小結

隨著資訊技術的不斷發展，媒體報導在國際社會上的作用日益突出，對國際社會活動的影響日益擴大。對於國外民眾來說，諸多媒體報導往往是其了解國內外新聞的主要途徑。在此基礎之上，媒體的態度和趨勢將會影響其聽眾，因此影響國際輿論的發展和世界各國的外交關係。

本文在整理 2009 年至 2019 年間《安哥拉日報》和《安哥拉通訊社》有關中國對安哥拉醫療援助新聞報導時發現安哥拉媒體對華報導相對中立，需要對相關理論研究進行分類和總結，從而探究其原因和具體表現。

二、相關理論及文獻綜述

（一）理論研究綜述

1.對外援助理論

在現有的文獻中「對外援助（foreign aid）」的全稱為 「國際援助（international aid）」或簡稱為 「援助（aid） 」。在政府報告、文學作品或者學術研究中，對「對外援助」、「國際援助」和 「援助」的三個詞的區分並沒有設立嚴格的界定。在國際上，被認可的「對外援助」行為需要包含至少 25%的捐贈部分，即不帶有任何的除了改善受助國人

民生活水準之外的目的。當前，西方國家的對外援助活動主要通過國際
援助組織為經濟合作與發展組織（OECD）進行，此組織為獨立的國際
組織，OECD 的成員國多為發達的工業化國家，OECD 對「對外援助」
的定義還包括援助國政府直接向受助國政府提供低息資金，或者是向聯
合國開發與計畫署、世界銀行或者是國際貨幣基金組織提供資金。具體
而言，「對外援助」活動非常強調公益性，實施對外活動的初衷必須是
協助提高受助國人民的生活水準或者幫助受助國進行基礎設施建設。

2. 認知理論

在古典心理學的相關理論中，認知定義為「感知資訊的過程，即人
們可以看到、聽到、觸摸最真實的物體」。感知也反應於這些早期的感
知。心理學專家秦亞青教授將感知定義為「通過外界的資訊刺激，通過
自己的理解和感受對刺激做出反應後，選擇資訊，組織，自己判斷的過
程。感知刺激是對人類看不見的刺激反應的基礎。」根據上述定義，感
知的主體是「個人」。但在國際外交政治經濟領域，外交決策這項活動
擴大了感知的範圍，因為「媒體」同樣也存在 「個人」的特點，可以將
感知的物件理解為不同國家的媒體對國際外部資訊所做出的反映。

（二）文獻綜述

1. 對外援助研究

美國社會學家華爾滋指出，國際援助存在著多種形式。但在各種形
式背後，國際援助僅僅是發達國家維護已有的國際利益的工具。理想主
義認為，援助國的國家利益至少應保留或直接從援助的考慮中撤銷，而
援助國的政治和經濟利益是外國援助的優先事項或唯一決定因素。周宏
在《中國對外援助 60 周年》上，闡述了中國對亞非拉國際援助的歷史和
故事，分析了中國對外援助的概念、政策、原則和方針。這個整體在外
援研究領域有著非常重要的影響。本文通過對張玉輝的《中國對外援
助》、楊代雲的《現代對外援助研究》、白雲珍的《中國對外援助戰略
分析》、吳天的《對外援助政策分析》等文章的回顧，分析和解決了中

國對外援助的具體問題。儘管國內學者做出很多研究，但這些研究亦存在諸多缺陷，如大多數文獻對理論做出深刻研究，缺少對案例的分析。

當前已有的關於對外援助的文獻聚焦於受助國的政治、經濟方面，但是，分析其他領域對外援助問題的文章相對較少。

2. 對安哥拉醫療援助研究

2009 年，中國向安哥拉派遣了第一支醫療救援隊。迄今為止，中國在非洲的醫療衛生援助已經持續了 12 年。醫療隊也在不斷地改善和建設，成為兩國間衛生者交流、對外援助隊、醫療相關人員培訓、醫院和瘧疾預防中心建設等綜合的醫療保障系統。據統計，2019 年整年，中國向安哥拉派遣了 70 多支醫療隊隊員，提供安哥拉人民免費醫療服務，共實施了 20 萬人以上的醫療診斷。當然，隨著中國醫療保障隊的擴大和醫療保障系統的完善，中國在安哥拉改善醫療保障方面具有重要理論和實踐意義，不僅可以提高中國對發展中國家的影響力，還可以樹立中國的責任大國形象。

3. 國際媒體認知研究

由於美國主要媒體的全球影響力，各國學者越來越關注美國媒體如何塑造中國的國家形象，研究成果也非常豐富。李希光的《妖魔化和媒體轟炸》和《中國妖魔化的背後》以《紐約時報》和《華盛頓郵報》的報導為例，指出中國的形象已經被美國的主要醫學院嚴重妖魔化。他還強調了中國主導了國際交流，國家形象的重要性和緊迫性引起了國內對中國國際形象研究的關注。

隨著中國政府高舉「誠實、感謝」的外交理念，積極推進國家利益區域化，中國學者開始對國家形象的研究指導層進行調整。周巨集利用內容分析法和語言分析法，從政治、經濟、軍事七大議題上對印度主要英文報紙中的中國形象進行了研究。吳德志主張，他違反了博士論文《越南人民報中國國家形象（2003-2012）》的規定，創造了越南媒體客觀公正的中國形象。這是中國政治外交正面的溫柔形象，成功穩定的中國經濟和社會風貌等。

4.安哥拉主流媒體的認知研究

在安哥拉獲得國家主權之前，葡萄牙殖民地政府於 1973 年在安哥拉設立了葡萄牙地方廣播電臺。安哥拉政府於 1975 年獨立後，將該電視國有，命名為安哥拉人民電臺，在那之後被稱為安哥拉國家電視臺。結合傳播學和國際關係領域的研究還不甚多。

在媒體傳播的研究中，媒體處於第三個層次。國內學術界也有關於國際政治傳播的理論研究，但關於安哥拉的外交認識和行為的統一的文章比較少。安哥拉對微媒體的研究應當進一步改進，讓中安雙方能夠更好地理解彼此的差異，對國家外交政策的調整和國家間多邊合作關係的構建產生了積極的影響。

（三）小結

無論是安哥拉的認知理論研究，還是認知媒體研究，由於缺乏理論研究和相關經驗，中國在國際社會中很容易面臨誤解和衝突。本文選擇安哥拉的兩大媒體，定量分析其報導。理論研究與實際情況有機結合，得出真實有效的結論。

三、安哥拉的發展與中國援助

（一）安哥拉發展模式

2002 年 4 月 4 日，安哥拉政府與同盟簽署停戰協定，聖多斯總統正式宣布內戰結束。安哥拉打開國家重建之門，並積極調整外交政策。主要任務是為安哥拉的復興尋求國際社會的支持與幫助，為國民經濟的快速發展尋求良好的國際和平環境。融資問題是非洲國家發展的共同問題。圖 4-1 為 1985-2002 年安哥拉的經濟發展。

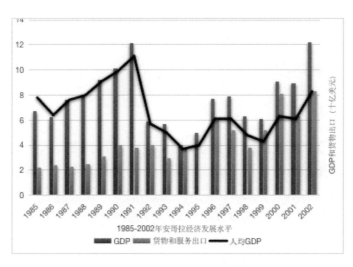

🎙 圖 4-1：1985-2002 年安哥拉經濟發展水準
資料來源：世界銀行，https://data.worldbank.org.cn/

在這樣國內政治和經濟形勢之下，安哥拉政府迫於為戰後的復興做出貢獻。世界銀行等國際機構和其他西方國家為安哥拉國內復興提出了嚴格的追加條件，與許多其他第三世界國家一樣，安哥拉不願意接受或不滿來自西方國家的附加條件，所以無法獲得貸款。安哥拉在向中國申請援助時，得到了積極的回應。中國向安哥拉提供了大量戰後復興資金，並創建了「資源基礎設施」復興基金，創立「安哥拉模式」的對外援助。

（二）中國對安哥拉醫療援助概況

安哥拉是瘧疾疫區，在分析了安哥拉國內瘧疾的疾病趨勢之後，中國對安醫療援助立刻成立了重症瘧疾醫療團隊遠赴安哥拉。在查閱國外相關醫學文獻、治療經驗等後，診療小組通過對重症與非重症瘧疾的早期門診鑒別，提高了受援醫院各型重症瘧疾的救治水準，節約了當地的醫療資源。

中國駐安哥拉大使龔韜表示，近年來中國和安哥拉在醫療衛生領域開展了廣泛的合作。中國為安哥拉醫院的建設支援和醫療隊伍的派遣等

提供技術援助，向安哥拉提供醫療和藥品。自 2009 年中安兩國簽訂國際開發協定以來，中國已向安哥拉派遣了 70 多支醫療隊伍，幫助 20 萬安哥拉人民，提供免費醫療服務。

（三）小結

特別是改革開放以來，中國的對外援助活動對實現國家利益和改善國際狀況發揮了重要作用。中國根據國內外形勢的變化，調整了對外投資政策和做法，取得了更大的成果，也開始參加世界政府的活動。新中國成立以來，安哥拉的醫療保健作為中國醫療保健的重要組成部分，中國對外援助活動支持的人道援助活動之一，從理論上看，對外援助關係實際上是國家間相互作用的邏輯。

四、安哥拉主流媒體對中國對安醫療援助報導的分析

（一）安哥拉主流媒體概況

當前，安哥拉形成了包括報紙、雜誌、廣播、電視、電影、新聞機構在內的媒體結構。在數位化階段，安哥拉將重點放在擴大廣播和電視信號上。

（二）研究樣本的選擇以及類別構建

本文所有新聞本文資料均都來自《安哥拉通信社》和《安哥拉日報》的官方網站。由於各國對「醫療救援」的定義和理解有偏差，以「醫療救助」為關鍵字的新聞數量非常有限。這對使用「中國（China）」和「安哥拉（Angola）」的認知差異分析也有影響。本文於 2009 年 1 月 1 日至 2019 年 12 月 31 日，分析了 263 篇文章（其中《安哥拉日報》147 篇、安哥拉通信社 116 篇）。經過選評，保留有效報導 253 篇（《安哥拉日報》141 篇、《安哥拉通信社》112 篇），集中在中國醫療

基金、安哥拉物資援助、疾病預防合作等方面。在這項研究中，每個報告都使用分析單位，主要解析變數包含報告的時間分布、報告的目的、報告的傾向。除了上述研究外，本文還選擇了一份 2009-2019 年的研究報告，希望能得到更客觀更科學的結論。

（三）對中國援助報導的內容分析

1.報導的數量及時間分布

表 4-1 為 2009 年 1 月 1 日至 2019 年 12 月 31 日間《安哥拉日報》和《安哥拉通訊社》253 篇報導中，從橫向上來看，《安哥拉日報》的報導數量約占全部報導數量的 55.7%，略多於《安哥拉通訊社》。除了 2011 年和 2013 年兩份報紙對中國對安醫療援助的報導數量較少以外，其他年份的報導數量變化相對不大。2015 年後，對於中國對安醫療援助的報導又再次出現增多的趨勢。

✎ 表 4-1《安哥拉日報》和《安哥拉通訊社》2009-2019 年間報導數目分布表

單位：篇

	2009	2010	2011	2013	2014	2015	2016	2017	2018	2019	總計
安哥拉日報	19	14	10	9	7	13	16	15	12	13	141
安哥拉通訊社	11	13	5	7	10	16	11	14	7	9	112
總計	30	27	15	16	17	29	27	29	19	22	253

資料來源：《安哥拉日報》，http://jornaldeangola.sapo.ao/；《安哥拉通訊社》，http://www.portalangop.co.ao/

上述安哥拉媒體對於中國對安醫療援助的報導主要和與中安兩國在醫療和經濟上的合作關係相關。在 2008 年金融危機之前，中國增加對安哥拉等非洲國家的援助力度，但隨著金融危機的逐漸解除，中對安的援助逐步減少，因此安哥拉對中國醫療援助的報導由 2009 年的頂峰開始呈

現逐步減少的趨勢。2014 年之後，中國對安哥拉的實際醫療援助又開始增多，於是安哥拉媒體又開始逐步增加對中國醫療援助的報導。

從安哥拉媒體對中國對安醫療援助報導的客觀性來看，報導的客觀性與報導的數量之間有一定的關係。2008 年金融危機之後，隨著金融危機的解除和中國對安醫療援助的減少，安哥拉對中國醫療援助報導的客觀性開始降低。從此階段出現的報導情況來看，大多以負面報導為主。2014 年之後，中國對安哥拉的實際醫療援助又開始增多，安哥拉媒體中國醫療援助報導的客觀性開始增加。（見圖 4-2）

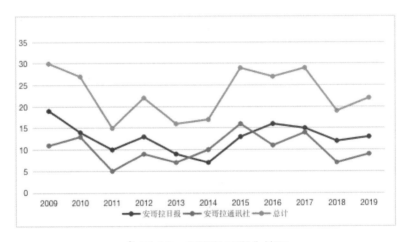

🔊 圖 4-2：報導數目變化情況

資料來源：《安哥拉日報》，http://jornaldeangola.sapo.ao/；《安哥拉通訊社》，
http://www.portalangop.co.ao/

2015 年，中國國家主席習近平和安哥拉總統桑托斯分別在北京和約翰尼斯堡舉行了兩次會談，高度評價了中安兩國經貿關係的發展，達成加強和深化兩國間經貿合作的重要共識，為加快中安企業穩定發展，以及為轉變升級的步伐指明方向，因此，在《安哥拉日報》和《安哥拉通信社》關於安哥拉醫療的中國報導和相關內容中，2015 年的報導數量近十年最高，占整體的 11.5%。這也反映了安哥拉的狀況，即媒體重視在中國安哥拉的醫療保障和中安關係的發展。

2. 報導的內容

中國醫療隊對安哥拉疾病治療的 138 篇報告書中，主要疾病有黃熱病、瘧疾、登革熱、昏睡病、腦膜炎、霍亂、肺結核、愛滋病等。其他 115 篇報導涉及中國的醫療設施和醫院的建設。這些醫院已經成為當地的醫院，為提高援助地區的醫療服務水準做出了巨大貢獻。這些各種形式的援助直接改善了安哥拉的健康和醫療環境，對安哥拉的健康和醫療起到了重要的作用。因此，2017 年的報告數又回到了一個節點。

3. 報導的傾向性

從圖 4-3 資料分析來看，通過文本分析，正面報導占 29%，客觀報導占 54%，負面報導占 17%，正+客觀報導占全比重的 83%，安哥拉主流媒體對中國對安醫療援助的抹黑甚少，負面的報導只是吸引群眾的眼球。安哥拉媒體雖然對中國援助安哥拉的成果表示肯定，但關於援助過程中的許多具體問題，《安哥拉日報》和《安哥拉通訊社》基本堅持了客觀性報導原則。

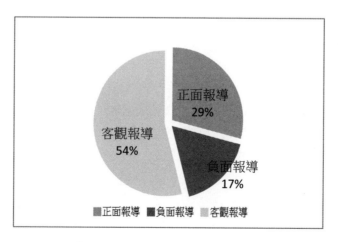

🔊 圖 4-3：報導的傾向性分布情況

資料來源：《安哥拉日報》，http://jornaldeangola.sapo.ao/；《安哥拉通訊社》，http://www.portalangop.co.ao/

　　本研究從報導的標題的關鍵字彙來判定報導的傾向性。若報導中含有與中國相關的積極性的詞彙，如「obrigado（感謝）」、「apreciar（讚賞）」、「amizade（友誼）」等，則將報導的傾向性定義為「正面報導」；若報導中含有與中國相關的消極性詞彙，如「hostilidade（敵意）」、「malicioso（惡意）」、「ameaçar（威脅）」等，則將報導定義為「負面報導」。若報導中既不存在積極性詞彙，又不存在消極性詞彙，則將報導定義為「客觀報導」。

　　從資料分析來看，《安哥拉日報》和《安哥拉通訊社》所載的關於中國醫療援助的相關文章基本堅持了客觀性報導原則。在所有負面的報導中，有人懷疑中國和西方在醫學上的區別。在安哥拉的中國醫療中，中國和安哥拉的醫學差異仍然需要解決。安哥拉經過長期的西方殖民統治，更加尊重西方的醫學技術和醫療方法。中國有幾千年的傳統醫學文化，中國傳統的醫學方法也廣泛用於治療一些疾病。現在，在安哥拉工作的外國醫療人員中，中藥治療約占 7%，也越來越多的人開始認識中醫和對安哥拉人民的治療方法，尤其是針灸和按摩。也越來越多的安哥拉醫生知道中醫，並接受中醫相關的培訓。中藥對安哥拉的醫療保健起到了重要的作用。

（四）小結

　　本文在分析《安哥拉日報》和《安哥拉通信社》近十年來中國在安哥拉進行醫療報導時，安哥拉媒體雖然對中國援助安哥拉的成果表示肯定，但關於援助過程中的許多具體問題，安哥拉媒體表示在報告中保持中立的立場。在下一節中，本文分析並總結了安哥拉與我國衛生保健知識差異的原因。

五、認知理論視角下西方媒體分歧產生的形成原因與機制

（一）產生認知偏差的原因

本文結合第二節有關認知理論的相關分析工具和第三節有關《安哥拉日報》和《安哥拉通訊社》的報導分析，發現影響認知差異的主要因素包括國家利益和戰略目標的不同、對醫療問題的認識和理解的不同、社會文化和意識形態的不同，以及安哥拉當地媒體存在的固有的特殊性。

1. 國家利益與戰略目標的分歧

國家利益作為國際政治中最古老、最有影響力的因素，是一個國家的對外活動的最基本的力量，是一個國家依賴生存和發展的各種物質和精神需求的總和。因此，安哥拉媒體作為上層架構，對國家利益的理解和保護起著重要的作用。按國家分類，安哥拉是受援國，中國作為新興援助國的代表，在援助和對外援助上戰略目標不同。

中國因安哥拉的醫療支援，受到西方國家和一些非洲國家的政治誤會，中國和西方文化的差異和中國現在被安哥拉選為安哥拉的主要醫療機構，政府一直發揮重要角色。這是許多西方國家、甚至有一些非洲國家讓人們無法理解的。人道主義哲學，往往有意識地推測中國醫療結構後面的政治意圖，中國將不採取任何政治條件為安哥拉提供醫療援助。但今後的文化和理念上的開發仍需要克服許多哲學和文化差異。

2. 對外醫療援助問題的理解與認知偏差

「不干涉內政」是中國一貫尊重的對非洲的援助原則。中國政府以互惠原則為基礎，主要致力於安哥拉的地方經濟和社會發展。而西方發達國家則以「民主、民治、人權」為基本原則，將「民主、民治、人權」作為非洲的基本原則。

安哥拉當地生態學家們不斷地批判中國醫療結構建設帶來的環境污

染和環境破壞。儘管過去幾年，安哥拉的經濟狀況和醫療水平得到了很大的改善與提高，但是由於媒體和利益集團受到英國和美國的政策意志和態度的影響，導致當地對中國在安哥拉的醫療活動呈現負面態度，甚至造成了打擊。

3. 中西方社會文化差異與意識形態

西方社會學專家泰勒指出，人類文化是一種複雜的文化，任何人都具有社會成員所獲得的信仰、藝術、風俗、知識和道德。安哥拉媒體還報導了中國的行為習慣和思維方式，與長期以來中國和安哥拉在文化上的完全不同。

安哥拉的文化價值觀主要包括兩個方面：(1)自由、強調平等、人權和同情的意識形態，這種文化價值為統治階級服務。(2)注重個人主義，以領導為榮，維護個人的鬥爭。個人利益是社會發展和經濟增長的主要動力。在國際關係領域，安哥拉也以同樣的姿態獲得了領導權，中國也以多種方式參與世界公共衛生政府的活動。對處理重要醫療急救事態起著不可預估的重要作用。

4. 安哥拉媒體的特殊性

安哥拉作為弱小國，尤其是在經濟才剛起步發展，安哥拉媒體的基礎設施、人才隊伍、傳播能力及資本也在一步步完善發展。主要媒體可以通過大量反覆報導國際問題來吸引國民的注意，促進和改變安哥拉人民對世界各地世界的認識，引導形成多個意見的國際輿論。安哥拉的媒體屬於國家，這也是政府主導資訊的普及。另外，受語言文化的影響，中國對安哥拉的新聞系統還不完善，與世界各國的資訊交流也有障礙，不能對媒體進行完全詳細的報導，也是造成虛假報導的重要因素。中國媒體的報導，主要是為了外國國家領導人的訪問和中安經濟貿易合作的成功而進行的。雖然對問題的重視度要提高，但有效解決相關問題需要發展。

（二）認知差異形成的機制

結合之前的分析，從事件的發生到報導事件的選擇，再到輿論的形

成，再到不同趨勢的報導的發生，可以構建說明中安兩國對於醫療衛生知識差異原因的簡單邏輯機制。

值觀的不同，以及新聞界和公眾的愛好，也影響了新聞宣傳的過程。新聞事件發生後，媒體會根據需要顯示報導內容。受國家利益、戰略目標、文化、價值觀和援助本身認知差異的影響，出現了輿論主導的傾向。受主觀媒體主導性的影響，也出現了不同的傾向。不同傾向的新聞報導會影響觀眾的感知和感受，接受方的思考和態度會影響媒體的報導。受輿論影響，安哥拉的媒體反覆報導普遍接受的新聞，在報導和接收者之間形成循環機制。

（三）案例分析：「中國醫療援助」的爭議

安哥拉首都魯安達一個廢品回收站，有一不明裝置突然爆炸，導致正在事故現場的 13 名兒童受傷，急需救治。救護車將 13 名患兒護送至魯安達總醫院，並將救治傷患的任務分配給多名骨科醫生及醫護人員，其中，三名危重患兒的搶救任務分配給了中國醫療隊的兩名骨科醫生，賀景國醫生便是其中之一。接到任務後，賀景國和另外一名骨科醫生立即對患兒進行了止血、清創縫合等處理。三名患者中，一位患者出現上臂肌肉重度撕裂傷；另一位出現左手右手頭部挫裂傷，指骨開放性骨折伴隨脫位；還有一位 15 歲男孩的脛前軟組織壞死，缺損嚴重，傷口重度污染，被確診為脛腓骨開放性粉碎性骨折伴骨缺損。三位患兒急需手術，賀景國立即協調手術室，經過 6 小時的緊急手術，三位患兒的病情趨於穩定。經過醫療隊的全力搶救和精心護理，三名患兒生命體徵平穩，受到魯安達總醫院院長及同行們的高度肯定。此報導安哥拉主流媒體保持客觀公正的態度撰寫，側面也反映中國援助醫療隊對安哥拉當地民眾的愛心和責任心，用高超的醫療技術，全力以赴救治傷患。

（四）小結

中安發展關係的方式必然面臨複雜的外部環境，而中國要實現外部環境的改善，就必須依靠自身的發展。在維護本國利益的國際社會中，

沒有一個國家會把本國利益拱手讓人。中國發展同安哥拉的關係，加強國家形象宣傳，提高媒體影響力和發言力同時，必須注意媒體專業化。中國應當大力發展多元外交，中國政府很清楚安哥拉戰略地位的重要性。這也是為什麼中國堅持原來的基本政策，也必須馬上調整外交政策。正如安哥拉新聞的報導所說，「據說中國在改變安哥拉，其實安哥拉也在改變中國。」

六、認知理論視角下解決誤解分歧的建議及啟示

（一）建議

1.建立起中國、傳統援助國和受助國之間的合作關係

在當今國際社會上，國際合作的概念開始多元化，從傳統援助國和受援國之間的雙邊合作關係，逐漸發展成為新興援助國、傳統援助國和受援國之間的三方合作關係。在這其中，傳統的以英美西方國家為代表的傳統援助國，經過多年的國際援助經驗積累，在具體援助措施上有一系列的援助方針，存在成熟的援助系統。在此背景之下，以中國為代表的新興援助國，需要加強與傳統援助國之間的合作交流，從而使得新興援助國能夠在國際援助上，實施更加有效的援助制度。

從根本上講，國際援助屬於國家國際活動中的一種，不可避免的帶有一國的政治指導傾向。新興援助國和傳統援助國在意識形態上不可避免的會存在一定的衝突，但在多邊國際合作模式中，新興援助國和傳統援助國需要盡可能多的求同存異，相互理解，相互支持。從一國的文化和歷史角度去重新了解該國的政治背景，以求更多的合作機會。

2.提升中國對外援助的資訊透明度，加大中國對外援助的監督力度

中國政府並沒有專門設立一個特別的發展與對外援助機構，這與世界經合組織的成員國有所不同。因此，在實際實施對外援助的時候，可能會出現國內多個職能部門的職能交叉和部門之間的衝突，這也會大大降低中國實施對外援助的效率。衡量一國對外援助的重要指標為援助的

有效性，這是國際援助理論中最基本的概念。因此中國有必要成立獨立的援助部門，並構建好中國對外援助的整體框架，包括制定對外援助計畫、設立目標、測試預算、績效評估和問責機制。

同時還需要尊重受援國當地的風俗習慣，逐步開發受援國自主獨立發展的能力，通過設立中國相關領域專家在受助國當期的培訓機制，大力發展受助國人才梯隊建設，極大限度的開發受助國的自主研究、發展能力。同時，還需要加強援助管理和成效性檢測，減少重複援助，防止因為重複援助問題而帶來的國內資源浪費，極大限度的提升國際援助的效率。在實際援助過程中，中國還需要依據受助國當地的實際需求，制定合理的援助計畫，從基礎設施、公共衛生、公共交通等領域入手，時刻關注受助國的民生問題。

3. 發揮新聞媒體在影響輿論、指引民眾形成正確價值觀的功能

媒體是在西方國家被譽為獨立於司法、立法和行政三權之外公民的第四項權利。受到根深蒂固的民主自由價值觀的影響，西方民眾普遍認為，只有無所畏懼、客觀真實公正的媒體才是目標媒體，才是公正可靠的。但在中國大陸，中國媒體大多數以正面新聞報導為主，很少報導負面新聞。對於負面新聞，大多數採用封鎖的行動，因此並不能夠完全滿足西方媒體的公共預期。從中國對安哥拉提供醫療援助的案例中可知，安哥拉民眾的主要新聞來源為西方國家的媒體。但西方媒體對中國的報導有失偏頗，因此才會造成安哥拉人民對中國醫療援助行為的誤解。

對於中國來說，首先需要不斷發展綜合國力，讓世界其他國家進一步了解中國。其次，需要進一步加強國內媒體的發展，利用好媒體的外交作用，發揮新聞媒體在影響輿論、指引民眾形成正確價值觀的功能。鼓勵國內強勢媒體積極參與媒體全球化競爭，增強對外傳播的實力和經驗，增加對外傳播的重要性。

（二）啟示

本文重點討論了改革開放以來中國對安哥拉提供醫療支援的相關歷史與背景，重點研究中國對安哥拉提供的醫療援助和援後受助國實踐變

化的互動關係。同時，本文還討論了安哥拉當地因醫療水準落後長期存在的醫療資源供給不足，長期需要醫療援助的問題。中國在安哥拉的醫療衛生事業在此基礎之上起步，並呈現出明顯的階段性特徵。本文在此基礎之上，進一步分析了中國對安哥拉醫療援助的成果，指出了中國對安哥拉國的醫療援助，有助於促進中國在安哥拉和其他非洲國家的地位，有助於促進中國和安哥拉在其他領域中的經濟與貿易合作發展。在合作的同時，中國在安哥拉的醫療援助事業同樣面臨著諸多挑戰，故中國在安哥拉的醫療援助事業仍有很長的路要走。中國醫療衛生團隊在安哥拉展開了廣泛的合作，包括醫院等基礎設施建設、技術支持、醫療器械和特效藥支持等等。

　　通過本文的研究發現，中國對安哥拉的醫療援助事業儘管有些小調整，但在大方向上並沒有變化，即通過醫療援助事業對安哥拉持續保持人道主義關懷。即便隨著國際形勢的複雜變化，中國對安哥拉醫療的思想指導正在逐漸淡出，媒體也更加豐富，但中國的義利觀始終不變，醫療救助外交離不開中國外交工作的大局。中國在安哥拉的醫療是一項長期的工作，同時，安哥拉醫療是全球醫療體系的重要組成部分，也是中國積極參與全球醫療活動的重要機遇。

七、結　語

　　本文以 2009-2019 年《安哥拉日報》和《安哥拉通信社》關於安哥拉受中國醫療援助的報導為研究樣本，分析安哥拉主流媒體對安哥拉人民受中國醫療援助的認知和認知差異的原因。這兩個媒體的報導都是基於客觀的整體報導，同時也敘述中國在安哥拉近幾年醫療援助的碩果之外，仍有很多負面報導。本文通過對文本材料的分析，發現除了安哥拉媒體的特殊性外，中安國家認知差異的主要因素包括國家戰略利益和目標差異、意識差異、文化和社會價值觀的幫助不同。本文結合認知理論的相關研究，發現由於意識觀念的不同。文章最後，從認識的觀點來解決國家間的差異，提出了消除誤解的提案。

中國對安哥拉的醫療援助事業儘管有小的調整，但在大方向上並沒有變化，即通過醫療援助事業對安哥拉持續保持人道主義關懷。即便隨著國際形勢的複雜變化，媒體也更加豐富，但中國的義利觀始終不變，醫療援助外交離不開中國外交工作的大局。安哥拉主流媒體在中國對安哥拉醫療援助報導整體而言，沒有採取西方媒體「妖魔化」中國的報導方式，而是堅持客觀公正的報導原則，充分反映了中安兩國友好外交的局面。中國對安哥拉的醫療是一項長期的工作，同時，安哥拉醫療是全球醫療體系的重要組成部分，也是中國積極參與全球醫療活動的重要機遇。

由於精力有限以及作者知識儲備的淺薄，本文還有不足之處。分析本文時，其內容主要是報告的數量和變化、報告的國家和內容、報告的發展趨勢等，可以得出一些結論，但研究的深度稍不足，仍需要在未來挖掘更多的資訊，獲得更多有價值的資訊。

♪ 參考文獻

丁韶彬（1993）。大國對外援助：社會交換論的視角。北京：社會科學文獻出版。

丁磊（2010）。國家形象及其對國家間行為的影響。北京：智慧財產權出版社。

文少彪、王暢（2014）。全球治理視角下的中國對非洲醫療援助。國際關係研究，008，19-23。

王逸舟（2008）。中國對外關係轉型三十年：1978-2008。北京：社科文獻出版社。

王暢（2013）。中美對非醫療援助比較分析。國際研究參考團，10，47-48。

付強（2018）。一帶一路醫療援外成套專案改革的探討－以國藥集團在緬甸實施專案為例。中國醫院建築與裝備，12，76-78。

石林（1989）。當代中國的對外經濟合作。北京：中國社會科學出版社。

朱景和（2008）。紀錄片創作。北京：中國人民大學出版社。

江翔（2007）。我在非洲十七年。上海：上海辭書出版社。

宋林子（2016）。短期專家型援外醫療模式實踐與探討。中國醫院，6，79-80。

宋微（2019）。中國對非援助70年－理念與實踐創新。國際展望，05，73-93。

李小雲、唐麗霞，武晉（2009）。國際發展援助概論。北京：社會科學文獻出版社。

李少軍（2005）。國際戰略報告：理論體系、現實挑戰與中國的選擇。北京：中國社會科學出版社。

李安山（2008）。為中國正名：中國的非洲戰略與國家形象。世界政治與經濟，4，6-15。

李安山（2012）。中國非洲研究評論（2011）。北京：北京大學出版社。

李希光、劉康著（1999）。妖魔化與媒體轟炸。杭州：江蘇人民出版社。

李昭潔（2016）。淺析中國對非援助的“安哥拉模式”。外交學院。

李智（2011）。中國國家形象：全球傳播時代建構主義的解讀。北京：新華出版社。

李嘉、宋林子（2016）。對新時期援外醫療模式探索的初步思考。中國病案，

6，46-49。

李壽源（1999）。國際關係與中國外交—大眾傳播的獨特風景線。北京：北京
　　廣播學院出版社。

周弘（2002）。對外援助與國際關係。北京：中國社會科學出版社。

胡文濤（2015）。文化外交與國家國際形象建構：西方經驗與中國探索。北
　　京：中國社會科學出版社。

胡正榮、李繼東、唐曉芬（2015）。全球傳媒發展報告（2015）。北京：社會
　　科學文獻出版社。

唐曉陽（2010）。評析中國與安哥拉經濟合作新模式。西亞非洲，7，55-60。

秦宣（2010）。"中國模式"之概念辨析。前線，2，30。

崔忠亮、楊放、楊威（2009）。國際醫療援助的倫理思考。中國醫學倫理學，
　　4，15-16。

張春（2010）。醫療外交與軟實力培育—以中國援非醫療隊為例。現代國際關
　　係，3，15-19。

張春（2013）。中非關係國際貢獻論。上海：上海人民出版社。

張浚（2010）。不附加條件的援助：中國對非援助政策的形成。外交評論，5，
　　20-34。

張浚、周弘、張敏（2013）。外援在中國。北京：社會科學文獻出版社。

張鬱慧（2011）。中國對外援助研究（1950-2010）。北京：九州島出版社。

許銘（2013）。對非醫療合作與援助：挑戰及建議。國際經濟合作。

郭可（2003）。當代對外傳播。上海：復旦大學出版社。

陳衛星（2003）。國際關係與全球傳播。北京：北京廣播學院出版社。

陳麗（2012）。中西方媒體建構中國國家形象的比較研究。上海：上海交通大
　　學。

單波、萬黎君（2009）。跨文化新聞傳播的話語傾斜與話語缺失。北京：清華
　　大學出版社。

湯瑪斯·博克、丁伯成（2000）。大洋彼岸的中國幻夢—美國精英的中國觀。
　　北京：外文出版社。

賀文萍（2013）。中國對非洲：授其以魚，更授其以漁。金融博覽，009，15-
　　16。

楊偉芬（2000）。滲透與互動－廣播電視與國際關係。北京：北京廣播學院出版社。

劉大衛（2016）。"安哥拉模式"研究。上海：上海師範大學。

劉中民（2009）。從單方面援助到互利共贏：中國與發展中國家經濟關係六十年。寧夏社會科學，(6)，49-s4。

劉笑盈、賀文發（2009）。俯視到平視－外國媒體上的中國鏡像。北京：中國傳媒大學出版社。

劉輝（2015）。國家形象塑造：大眾傳播不可承受之重。現代傳播，005，153-167。

劉競（2006）。非洲烽火中的中國身影－以安哥拉內戰為鏡。南風窗，22，42-43。

劉繼南（1999）。大眾傳播與國際關係。北京：北京廣播學院出版社。

劉繼南（2000）。國際傳播－現代傳播淪文集。北京：北京廣播學院出版社。

劉繼南、周積華、段鵬（2002）。國際傳播與國家形象：國際關係的新視角。北京：北京廣播學院出版社。

謝益顯（1997）。中國當代外交史。北京：中國青年出版社。

Elshelby, K. (2007). Angola's new friend. *New African*, 32, 54-55.

Reading, J. P. (2017). Who's Responsible for This?: The Globalization of Health Care Developing Countries. *Journal of Global Legal Studies*, 13, 367-387.

Wise, K. (2009). Publicons relations and health diplomacy. *Public Relations Review*, 35, 127-129.

Alan, H. (1975). *China''s Africa Revolution*. London:Hutchinson .

Alleyne, M. D. (1995). *International power and international communication*. Macmillan.

Brautigam, D. (2009). T*he Dragon's Gift: The Real Story of China in Africa*. Oxford: Oxford University Press.

Bartke, W. (1975). *China's Economic Aid*. California.

Chenery, H., Ahluwalia, M. S., Duloy, J. H., Bell, C. L. G. & Jolly, R. (1974). *Redistribution with Growth: Polities to Improve Income Distribution in Developing Countries in the Context of Economic Growth*. Oxford: University Press.

Carol, L. (2016). *The Chinese Aid System*. Center for Global Development Essay.

Deborah, A. B. (2009). *The Dragon's Gift: the real story of China in Africa*. Oxford University Press.

Jervis, R. (1989). *The logic of images in international relations.* Columbia University Press.

Klein, S. (1968). *Politics versus Economics: The Foreign Trade and Aid Policies of China*. Hong Kong: International Studies Group.

Lee, M. A. (1991). *Unreliable sources: A guide to detecting bias in news media.* Lyle Stuart.

Malek, A. (1997). *News media and foreign relations: a multifaceted perspective.* Greenwood Publishing Group.

Moyo, D. (2009). *Dead Aid: Why Aid Is Not Working and How There Is Another Way for Africa.* Suffolk: Penguin.

Mercer, J. (2010). *Reputation and international politics*. Cornell University Press.

Schramm, W. (1964). *Mass media and national development: The role of information in the developing countries*. Stanford University Press.

Su, S. (1991). Changing American Images of China as Reflected in "The New York Times", *The Washington Post and the Christian Science Monitor*, unpublished doctoral dissertation, University of Hawaii, 192-198.

Park, J. (1993). Impact of China open-door policy on pacific rim trade and investment. *Business Economics*, 28(4), 53-54.

Woods, N. (2008). *"Whose aid? Whose influence? China: Emerging donors and the silent revolution in development assistance".* International Affairs.

Chapter 5

聖多美和普林西比獨立以來的外交政策研究

Foreign Policy Research on São Tomé and Príncipe since Its Independence

周平、李琳

Peng Chao, Lin Li

本章提要

　　聖多美和普林西比是聯合國認定的世界最不發達國家之一，其獨立後通過轉換外交政策，在複雜多變的國際環境中一定程度上維護了自身的國家安全與國家利益。那麼聖普獨立以來外交政策的走向是怎樣的？研究發現，在不結盟基礎上聖普外交政策緊緊圍繞其國家利益進行，呈現出小國外交鮮明的利益至上及外交的搖擺性。聖普在短暫的向社會主義國家靠近後，以葡萄牙為紐帶，不斷增進與歐盟、美國等發達國家及經濟體的外交聯係，重視與周邊國家及葡語國家的外交關係。其與中國的外交關係較曲折，從與中國建交、斷交到復交，都是基於國家利益的考量。

關鍵詞：聖多美和普林西比、外交政策、國家利益、小國外交、搖擺外交

Abstract

　　São Tomé and Príncipe is one of the least developed countries in the world recognized by the United Nations. After its independence, São Tomé and Príncipe has maintained its national security and national interests to a certain extent in the complex and changeable international environment by changing its foreign policy. So what has been the direction of São Tomé and Príncipe's foreign policy since independence?

　　This study finds that Sao Paulo's foreign policy since independence has been closely centered on its national interests on the basis of non-alignment, showing the distinct interests supremacy and the swing nature of diplomacy in small countries. São Tomé and Príncipe, after being close to socialist countries for a short time, constantly enhanced diplomatic ties with developed countries and economies such as the European Union and the United States with Portugal as a link, and attached great importance to diplomatic relations with neighboring countries and Portuguese-speaking countries. Its diplomatic relations with China are rather tortuous, from the establishment of diplomatic relations with China, to the severance of diplomatic relations with China, are based on the considerations of its national interests.

Key Words: São Tomé and Príncipe, Foreign policy, National interest, Diplomacy of small states, Swing diplomatic

一、前　言

（一）研究背景

外交政策一定程度上可以折射出一個國家政治、經濟等方面的傾向，反映一個國家內部的人民力量以及整個國家的綜合實力，同時也能反映國際形勢的變化情況。聖多美和普林西比（下文簡稱聖普）屬於中小國家行列，在制定外交政策時採用了較為變通的方法。其外交政策不適用於大國外交政策，又因其經濟發展緩慢，需要大量外國援助的支持，其經濟欠發達的國情又與發達小國如新加坡等實行的外交政策也不相同。

（二）研究意義

理論意義：目前國內外專門針對聖普外交政策的研究幾乎為空白，同時也無人使用外交相關理論或其他理論與聖普的外交政策進行合併研究。因此，通過本文的探索，希望能發現聖普外交政策的一些規律，解釋聖普外交政策的選擇。

現實意義：1.對聖普的外交政策有更好的了解，總結經驗教訓有助於與聖普更好的交往，規避不必要的風險。2.我國注重與經濟欠發達小國的交往，面臨許多與小國打交道的情況，我們只有了解小國，了解小國的外交政策，才能更好的與小國交往，解決與小國的共建共用，實現友好外交關係促進共同發展的目標。

（三）研究方法

文獻研究法：首先通過對與本文研究相關的國內外學者關於聖普外交政策的文獻資料、著作、期刊、報紙等進行系統的分析，了解聖普外交政策實施的背景，理清聖普的外交政策。

歷史分析法：使用歷史分析法，將聖普的外交政策劃分為與中國建

交的二十年及與中國斷交的二十年，以了解聖普外交政策變化的情況，了解其發展歷程。

比較研究法：本文運用比較研究法，縱向比較兩個二十年聖普外交政策的異同，研究影響聖普外交政策的主要因素有哪些。

系統分析法：在研究本課題時發現影響聖普外交政策選擇的因素較多，不可僅僅只從聖普國內因素考慮問題，需要運用系統的觀念，從國際大背景下周邊國家、主要大國等多方面的因素進行考慮。

（四）研究框架

根據論文研究內容和結構安排，本文的研究框架如圖 5-1 所示：

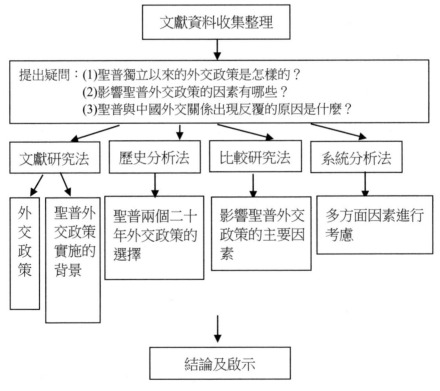

圖 5-1：研究框架

資料來源：作者自行繪製

二、理論基礎與文獻綜述

（一）理論基礎

1.外交政策

張亞中與張登及（2003）在《國際關係總論》一書中指出：若由外交策略的取向來分，外交政策可以分為孤立、中立、不結盟與聯盟四大類。楚樹龍（2003）在《國際關係基本理論》一書中指出：在一國國內政治與外交政策選擇方面：現代政治在世界上絕大多數國家多是政黨政治。各政黨的意見不同、利益不同對政策制定者的影響較大。可以說，各國的政治是政黨政治，各國的政策無論是國內政策還是外交政策，也是政黨政策。因此，本文對聖普外交政策的探究主要以聖普獨立以來身處不同的國際國內背景，外交政策制定者是如何進行選擇的，即探究其發展與實踐。

2.國家利益

西方國際關係領域研究學者漢斯‧摩根索（2005）對國家利益的概念進行了詳細的闡述。她提出了兩個存在於國家利益之中的要素：第一個要素指的是社會中不同的狀況會影響國家利益。第二個要素可以說是一個國家利益的硬核，它代表國家安全、領土完整。可以說，國家利益是一個國家對外政策制定的前提，而獲得國家利益也是做出外交選擇的目標。研究聖普的國家利益對剖析聖普外交政策，解讀聖普與中國斷交又復交的外交選擇有重要作用。而亞歷山大‧溫特等部分西方建構主義學派將國家利益僅僅限於安全需求就有些片面了。

（二）文獻綜述

1.國內文獻綜述

李廣一（2007）在《列國志》一書中系統、客觀地介紹了聖普的自然地理、民風民俗、政治經濟等情況，是了解聖普的重要資料。其在第四節中簡要羅列了聖普同非洲地區其他葡語國家間的聯繫；在第六節羅

列了聖普與中國的外交關係。

2. 國外文獻綜述

在 1978 年 7 月 1 日至 12 日聖多美和普林西比解放運動黨（The Movement for Liberation Party of São Tomé and Príncipe）政府的政治局大會報告中寫道：獨立後，MLSTP 政府正式將其外交政策建立在「積極不結盟」的基礎上。聖普加入了不結盟運動，以及非洲統一組織和聯合國，旨在結合非洲國家（如附近的加彭）與好戰的西方和平共處。

美國國務院公共事務局在 1985 年 9 月出版的《Background Notes, Sao Tome and Princip》一書中指出聖普從獨立以來，就是一個完全由政府主導經濟的國家，大部分生產資料由國家擁有和控制。書中還指出在獨立之前，聖普除了與葡萄牙有聯繫外，很少有海外聯繫。獨立後，與擁有共同語言、傳統和殖民地經歷的非洲其他前葡萄牙殖民地，特別是安哥拉之間合作日益密切。同時，與該地區其他非洲國家（如剛果和加彭）的外交關係也很好。

美國國務院公共事務局在 1991 年 8 月出版的《Background Notes, Sao Tome and Princip》一書中指出，雖然聖普政府保持了一種基於不結盟和與任何願意幫助其經濟發展的國家合作的外交政策，但它最近開始強調與美國和西歐的關係。書中還指出，美國是最早授權駐聖普大使的國家之一。駐加彭的美國大使以非居民身份被派駐聖普，大使和使館工作人員定期訪問這些島嶼。第一位駐紐約的聖普駐美國大使於 1985 年獲得資格。1986 年，科斯塔總統訪問美國，並會見了美國副總統布希。美國資助了聖普在培訓可可種植園管理人員的專案，並通過聯合國世界糧食計畫署提供了糧食商品。美國通過人權基金提供了通訊設備和選舉專家，幫助組織了 1991 年聖普多黨立法和總統選舉。

三、聖多美和普林西比獨立後外交政策的分析

（一）聖多美和普林西比外交政策形成的國內背景

一個國家的外交政策體現了其政黨權利的延續，聖普也不例外，該國的外交政策與該國政權的穩定、國內安全息息相關，更是與經濟利益密不可分。本小節從歷史角度出發，分析聖普獨立後的國情現狀，主要基於政權演變、經濟發展、人才儲備、國家利益等方面進行整體介紹。

聖普是一個在獨立後擁有獨立主權的民主法治國家，政教分離，司法獨立，依據憲法管理國家。政府是國家的行政機關，總理為政府首腦。在政權演變方面，頻繁的政黨更迭可以被稱為是這個國家的政治特色，由於政府受總統權力的制約，每任總統都樂此不疲的培養自己的政治勢力，從 1991 年到 2015 年先後經歷了五任總統和 18 個不同的政府，（如表 5-1 所示），卻沒有一個政府可以走完一個任期。

表 5-1：聖普五任總統任期時間表

時間	總統	黨派	外交政策側重	GDP 總計	人口數
1975 年 7 月-1990 年 7 月	曼努埃爾·平托·達科斯塔	聖普解放運動-社會民主黨	(1)周邊國家；(2)葡萄牙；(3)社會主義國家；(4)西歐國家		8.3 萬
1990 年 8 月-2001 年 7 月	米格爾·特羅瓦達	民主統一黨	(1)美國；(2)葡語國家	0.40 億美元	11.9 萬
2001 年 8 月-2011 年 7 月	弗拉迪克·德梅內塞斯	民主獨立行動黨	(1)石油外交政策；(2)非洲國家	0.75 億美元	14.4 萬
2011 年 8 月-2016 年 8 月	曼努埃爾·平托·達科斯塔	聖普解放運動-社會民主黨	(1)社會主義國家；(2)全方位外交政策	2.33 億美元	18.4 萬
2016 年 9 月 3 日至今	卡瓦留	獨立民主行動黨	全方位外交政策	3.47 億美元	20.3 萬

資料來源：The World Bank (2018). Sao Tome and Principe - Country assistance strategy. Retrieved from: https://www.countrywatch.com

Gerhard, S. (2016). São Tomé and Principe 1975-2015: Politics and economy in a former plantation colony. *Estudos Ibero-Americanos*, 3, 42.

　　聖普的農業深受葡萄牙殖民主義的影響，全國接近 51%的勞動力從事農業生產，主要農產品為可可、椰子等，農業產值約占國內生產總值的 1/5 左右，屬於幾內亞灣的典型農業國，由於當地不適合種植小麥，因此主要靠出口經濟作物可可和咖啡獲取收入，換取人民所需要的糧食，單一的種植園經濟長期沒有改善，人均 GDP 增長少（聖多美和普林西比國民議會，1998）。該國的工業發展落後，甚至不具備加工可可豆的能力，很多日用品需要進口，國內既缺乏資金又缺乏技術性和管理型人才，工業遲遲發展不起來，發展較好的漁業也是靠與其他國家合作才得以發展，大多受惠於日本的漁業技術和管理。

　　在交通方面，聖普只有公路沒有鐵路。在聖多美島和普林西比島各有一個機場，航班屬於合資經營，海上航線主要由葡萄牙、荷蘭航運公司經營，主要往返於里斯本、利伯維爾和鹿特丹之間（賈晨，2005）。與交通密切相關的旅遊業發展也較緩慢，聖普雖環境優美氣候宜人，可以成為旅遊聖地，然而從里斯本到這些島嶼的旅行費用太高，糟糕的旅遊基礎設施和落後的住宿條件還無法吸引遊客。

　　人才儲備方面，由於政府長期負債，預算有限，因此聖普的教育投資相對其他國家偏少，與同時期解放的維得角在人才資源上也相差很多，嚴重缺乏高等教育人才，連國家最緊需的農業技術人才和醫療人才均嚴重缺乏。

　　以上是聖普的國家發展基本情況。值得一提的是，聖普在獨立三十多年後，經濟財政依然很大程度上依靠外援，累年保持著財政赤字（The World Bank, 2001）。動盪的政黨對利益和權力的爭奪和國內落後的經濟發展相互制約，人才的欠缺、工業技術的落後、農業出口受國際大環境影響嚴重，造成聖普的發展舉步維艱，只能寄望於發達國家和周邊鄰國以及國際組織的援助。

（二）與中國建交二十年中聖多美和普林西比的外交政策選擇

　　聖普從民族主義崛起到借鑒葡萄牙其他殖民地的解放運動經驗，在經歷了過渡政府 MSTPL 領導後，1975 年順利實現獨立，解放運動－獨

立黨以建立社會主義後殖民順序為目的開始一黨執政，持續了十五年，政局相對穩定。聖普獨立初期外交政策一直強烈地傾向於東部，共產主義國家也一直積極為聖普提供技術顧問，如聖普國內有大約 200 名古巴專家，包括經濟規劃者、教育工作者和衛生專業人士，此外還有約 100 名來自蘇聯的軍事顧問，同時聖普甚至答應了蘇聯在聖普建造海軍基地的請求（美國國務院公共事務局，1985）。此時的聖普政府首次積極謀求外交發展，在 1975 年獨立後達到了第一個建交高潮：葡萄牙、安哥拉、巴西、印度、中國、羅馬尼亞、日本、蒙古、阿根廷、越南、塞爾維亞等；1976 年 10 月，蘇聯與聖普首次簽署了貿易協定和其他形式的合作；1977 年 4 月，科斯塔總統對德意志民主共和國進行了正式訪問，並於次年 12 月簽署了一項經濟合作協議。由此可見聖普的這次外交高潮主要圍繞社會主義國家展開。

聖普的第二個外交政策是在 1976 年 12 月，即決定針對南非對聖普和安哥拉的軍事威脅，攜手安哥拉為南非入侵安哥拉領土做準備（Sérgio, 1985）。為此，MLSTP 停止了葡萄牙以前的政策，即不再允許飛往南非的飛機使用聖普領空。這是一項基於維護國家安全的外交政策。

在與周邊國家的外交關係中，聖普與加彭的關係密切（Sérgio, 1984），最有可能是因為加彭的地理位置接近，它位於聖普通往外部世界的最快過境路線上，因開發石油擁有一定的經濟實力，同時持續贊助聖普 MLSTP 政權。然而，由於有人暗示加彭參與了南非等國入侵聖普這些島嶼的陰謀，加之幾內亞灣的石油儲備爭端，聖普與加彭的外交關係破裂。

1982 年聖普的外交政策發生轉折，原因是可可出口價格的下跌造成了巨額國際收支逆差，使得經濟大幅衰退，嚴峻的經濟形勢使科斯塔總統改變了其在國際關係中的優先事項。1983 年，聖普與葡萄牙簽署了一項關於軍事合作和通訊領域的協定後，科斯塔總統決定開始對西方開放。第二年 5 月科斯塔總統對法國進行正式訪問，聖－法關係持續升溫，這也被認為是轉向西方的進一步跡象。1985 年，法國的雙邊援助總

額為 1,200 萬法郎（美國國務院公共事務局，1985），主要用於聖多美島西北部梅斯基塔的一個實驗性政府農場的糧食作物開發。

在 1984 年，科斯塔總統公開承認當地經濟存在嚴重問題，由於社會主義國家無法提供足夠的支援來克服危機，聖普開始迫切地尋求西方援助，MLSTP 政權向國際貨幣基金組織和世界銀行求助。同年總統宣布了一項基於不結盟的外交政策，並願意與任何願意幫助其經濟發展的國家合作。即，其一，聖普做為一個獨立的主權國家，堅持不結盟的外交政策，所有外交行為將建立在以和平共處五項原則的基礎上，與各個國家開展外交活動；其二，聖普主張由各國人民來管理自己國家的內政事務，堅持與帝國主義行為做鬥爭；其三，聖普希望通過非洲民族解放運動重建國際秩序，推動非洲進步發展（中國社會出版社，1991）。同年4 月，聖普任命了第一位駐聯合國大使拉斐爾‧布蘭科。聖普新的外交政策得到了西方國家肯定，同年，美國海軍第一次正式訪問了這個群島，自此美國與聖普的外交關係日益密切。

在與西方的外交關係中，葡萄牙雖已失去了其在聖普經濟中的特權地位，但兩國在文化和貿易方面的聯繫依然緊密，葡萄牙仍是進口的主要來源，如表 5-2 所示，1984 年葡萄牙提供了 34%的進口，儘管這一比例遠低於殖民時期末期的水準。但葡萄牙對聖普的出口一直保持在一個相對較高的水準，這是由於葡萄牙政府支持的傳統、語言紐帶和信貸額度的力量（Gerhard, 2002）。同時與聖普有著最大貿易關係的西歐國家是荷蘭，荷蘭仍保持著獨立前的傳統地位，是聖普可可的主要市場之一。1983 年，荷蘭占聖普可可總出口的 30%，1984 年達到 42%，當時荷蘭是可可最大的出口目的地（São Tomé, 1985）。這一現實也促使科斯塔總統爭取西方政府的支持，希望增加援助和投資。

從科斯塔總統對西歐的長期訪問中也可看出聖普外交開始展現出對與西方關係的重視。他先後訪問了法國、比利時、荷蘭、西班牙和葡萄牙，然後前往紐約向聯合國大會發表演講。西方也表現出對改善關係的興趣，聖普政府和聯合國開發計畫署共同主辦了 1985 年 12 月在布魯塞爾舉行的第一次圓桌捐助者會議，以及 1986 年 5 月在聖普舉行的後續會議。這些會議專門針對西方國家和多邊捐助者，結果做出了承諾給予聖

普 1986-1990 年 1.1 億美元發展計畫的專案，其中美國國際開發署派代表
參加了圓桌捐助者會議，並承諾為可可的恢復提供 80 萬美元。1986 年
聖普首次參加了聯合國大會，也正是因為從西方獲得了大量援助和貸
款，聖普選擇支持西方，在聯合國會議上投票贊成了一項要求蘇聯軍隊
從阿富汗撤軍的決議。

表 5-2：聖多美和普林西比 1979-1984 年對外貿易額　　　單位：百萬美元

Direction of Foreign Trade, 1979-1984($ million)						
	1979	1980	1981	1982	1983	1984
Imports by Origin (cif)						
Portugal	6.6	6.9	7.3	14.3	5.1	3.4
East Germany	-	-	-	5.1	4.4	2.7
Angola	0.7	1.4	1.5	2.3	2.1	1.7
Belgium	0.8	0.6	0.6	4.1	2.9	0.3
Other EEC	4.7	6.8	0.7	7.1	2.5	0.1
Others	6.1	2.9	6.5	4.8	1.4	1.7
Total	18.9	18.9	16.6	37.5	18.4	9.9
Exports by Destination (fob)						
Netherlands	17.2	14.3	3.0	3.3	2.6	5.1
Other EEC	1.9	0.9	0.8	1.4	0.3	0.3
East Germany	0.7	-	-	3.3	4.4	3.9
Portugal	3.0	1.2	1.6	0.8	1.2	1.4
U.S.	3.8	-	1.8	-	-	-
Others	-	0.6	-	-	0.3	1.5
Total	26.6	17.0	7.2	8.8	8.6	12.2

資料來源：République Démocratique de São Tomé e Príncipe, Table Ronde des
Partenaires du Dévelopement (São Tomé ,1985)

　　以上可以看出聖普與中國建交的二十年中，在 1975 年至 1989 年期間，外交政策有四個優先行動領域：周邊國家；葡萄牙；社會主義國家；西歐國家。小國在考慮到自身實力的因素後，一般會尋找實力相當的國家行進聯盟外交，這樣可以在共同利益的驅使下互相幫助，保障本國國家安全利益。聖普獨立初期，內憂外患嚴重，為了穩定政局，維護國家安全，聖普外交政策傾向於與安哥拉、加彭等同樣面臨安全隱患的國家交好，共同抵抗南非入侵，此時國家安全為聖普的首要目標。同時，葡萄牙與聖普「存在著特殊的友誼和團結關係」，不僅是聖普的主要出口國，同時為聖普基礎設施建設及資金援助提供了重要幫助。而此時也是社會主義運動在世界範圍蓬勃發展的時期，以前蘇聯為首的社會主義國家在經濟建設中取得的成就，鼓舞著剛剛擺脫殖民統治的新生國家。但後期由於聖普政府認為與社會主義國家間的經濟合作成效較低，無法挽救聖普嚴峻的經濟形勢，且聖普對外經濟關係主要與西方國家有關，因此聖普改變了國際關係中的優先事項轉向西方，此時獲得經濟援助為聖普外交政策的首要目標。而聖普與加彭親疏反覆的外交關係及在獲得西方援助後在聯合國會議上對老大哥蘇聯的背叛，可以看出聖普的外交政策隨國家利益的變化具有很大的不確定性。究其根本，是由於其國家利益很大程度上決定了聖普的外交政策，也正因不同時期國家利益的不同，導致了聖普外交政策的左右搖擺。

（三）與中國斷交二十年中聖多美和普林西比的外交政策選擇

1. 第二任總統特羅瓦達執政期間的外交政策

　　1991 年美國通過人權基金向聖普提供了通訊設備和選舉專家，幫助組織了 1991 年聖普多黨立法和總統選舉。同年 MSTPL 改名為解放運動－民主融合黨（Partido da Convergência Democrática）代表獨立黨，並成為執政黨，隨後總統特羅瓦達與解放運動－民主融合黨政府之間關係惡化，1992 年底特羅瓦達的追隨者創立了自己的政黨，稱為民主獨立行動黨（Acção Democrática Independente），1996 年特羅瓦達再度蟬聯總

統，解放運動－民主融合黨第二屆政府更是開展了與特羅瓦達的持續權力鬥爭。

此時已受美國影響的聖普出於發展的目的，第二任總統在 1990 年開始實行自由市場經濟。伴隨著蘇聯解體，聖普放棄社會主義，與之前的「天然同盟」古巴和蘇聯斷交，兩國也分別於 1991 年和 1992 年關閉了各自在聖普的大使館。1992 年政府開始以租讓的方式代替承包經營，與此同時把一些土地分成小塊交給種植園工人自主管理，用於種植糧食，解決糧荒。然而此時的聖普人民並不具備自主管理的能力，自由市場經濟非但沒有使聖普的經濟情況好轉，反而增加了貧困，社會指標進一步惡化。

自 1990 年稅制改革開始以來，聖普制定和通過了幾項法律，促進徵收各種捐款和稅率，以增加國家收入。然而，這些法律沒有得到適當的應用和執行。相反的，偷稅漏稅和逃稅行為有所增加，特別是對進口貨物徵收過高的關稅和不正常開具發票。據當時經濟活動監察局估計，有 80%的進口檔是偽造的（Seibert, 1998）。但政府部門發言人說，他們無能為力，因為沒有辦法核實所列數字的真實性。由於政府的腐敗及沒有作為，大部分向該國提供的外部援助資金成為了非法行動的目標。直接後果是，國際捐助者對聖普這一任政府的不信任，導致歐盟方面對聖普外部援助的減少。

這一時期聖普的另一個外交重點是擁有共同語言、傳統和殖民地經歷的葡語國家。1989 年巴西總統佛朗哥提出建立葡語國家共同體，得到了聖普等國的一致贊同；1990 年 9 月，葡萄牙語國家海關總幹事會議在聖普舉行；1992 年 9 月，第二次葡語國家司法部長首腦會議在聖普舉行；1993 年，巴西首次提出要完成共同體制度化計畫，這一計畫獲得了廣泛的支持（Kamilla, 2012）。隨後葡萄牙語的七個國家共同開展了圓桌會議，針對建設葡語大學以及構建葡語國家命運共同體等事項進行了討論，並於三年後，共同成立了葡語國家共同體。從 1996 年起，葡語國家共同體逐漸成為聖普參與國際事務重要的政治論壇。

由上可以看出，這一時期聖普重視與葡語國家的外交關係，符合「小國外交」理論，中小國在自身能力相對有限的情況下，通常會選擇

與具有共同利益的國家結成聯盟，以此來確保自身安全，追求更大的經濟利益。同時由於蘇聯解體，美國一方獨大，新一任政府徹底推翻之前的經濟政策，經濟一度面臨混亂，加之政府的腐敗行為，造成了民眾的反抗和政黨對權力的角逐，由此引發了持續的經濟危機和政治危機，更失去了歐盟的援助。以上充分體現了聖普在面對國際體系大變動的情況下，政府缺乏管理經驗、經濟又具有脆弱性，國內外環境嚴重影響其外交政策。在此時期為了依靠大國，獲得美國援助，只能選擇「追隨強者」，這一點也符合「小國外交」理論中的聯盟外交，該選擇能夠使小國以最小的代價獲取最大化的預期收益。這一時期特羅瓦達政府謀求以外交促發展，達到了聖普第二個建交高潮，如 1985 年美國在聖普建立大使館，1989 年與墨西哥建交，1993 年相繼與克羅地亞和以色列建交，1994 年與南非和拉脫維亞建交，1998 年與南韓建交，2000 年與賽普勒斯建交。聖普的外交政策依然緊緊圍繞其國家利益及經濟援助，兩者是聖普外交政策的出發點和落腳點。

2. 第三任總統德梅內塞斯執政期間的外交政策

2001 年 7 月舉行總統選舉，弗拉迪克‧德梅內塞斯勝出，隨後，他也創立了自己的政黨，即變革力量民主運動－民主執政黨。德梅內塞斯總統上臺後，努力推進新的經濟計畫，希望通過外交手段促進與他國的石油合作。自 2001 年簽署《聯合石油開發區條約》以來，尼日成為聖普在幾內亞灣最重要的經濟夥伴。2001 年 4 月尼日與聖普擱置了領土爭端，共同開展關於石油的經濟合作，尼日提供技術、勘測和投資，可為聖普提供工作崗位和投資機遇。這一任總統任期內發現的石油資源成為聖普政府期望改變國內經濟的希望，因此這一時期聖普政府外交政策集中於尋求各國合作開發石油，獲取改變經濟結構和改善基礎設施的資金。

同時這一時期聖普政府還將非洲事務視為其對外政策的重中之重。進入二十一世紀，經濟全球化迅猛發展，非洲國家聯合圖強意識日益增強，聖普於 2000-2001 年間，與南非、尼日、埃及、塞內加爾等國領導人協調非洲共同發展的思路，為新世紀振興非洲謀劃藍圖。第 37 屆非統

首腦會議正式通過了《非洲發展新夥伴計畫》，這是聖普與非洲領導人
的思想與智慧的體現。

由此可以看出重視非洲事務、尋求石油合作、進一步獲得經濟援助
是這一任政府外交政策的出發點，這一任政府正確外交政策的制定也使
聖普的經濟發展向前邁進了一步。

3. 第四任總統科斯塔執政期間的外交政策

因為有人指控聖普的政治精英和幾家尼日石油公司之間存在腐敗的
交易，原定於 2010 年的總統選舉推遲到 2011 年 7 月舉行。一向與中國
交好的科斯塔總統重新執政，聖美總理說：「我們要衡量不同國家的具體
實力，為聖普這個沒有資源的孤獨小島，擺好位置。」[1]「我們必須認識
到，中國在世界上發揮著越來越重要的作用，特別是作為促進發展及其
為保護發展中國家利益所做的貢獻。」2014 年 6 月科斯塔總統訪問北
京，這次非正式訪問也成為聖－中關係的轉捩點。

4. 第五任總統卡瓦留執政期間的外交政策

獨立民主黨派的卡瓦留自 2016 年 9 月開始正式擔任了國家總統，由
於聖普國內的經濟形勢依然嚴峻，該總統執政期間的外交政策不存在大
的方向調整。

值得強調的是，2016 年 12 月 20 日聖普政府宣布：即日起斷絕與臺灣
的外交關係，回到「一個中國」的原則上來，並與中國政府恢復中斷了二
十年的外交關係。聖普的決定很突然，它只在宣布前 5 個小時通知了臺灣
外交部。[2]在做出與臺灣決裂的決定時，政府還引用了聖普的「轉型議程和
千年發展目標」。[3]這一外交關係的變化與中國近年來在非洲逐漸增加的
影響力和貿易發展有關，資料顯示 2014 年中國是聖普的第三大出口國，

---

[1] https://macauhub.com.mo/zh/feature/sao-tome-and-principe-expects-chinese-investment-after-restoration-of-diplomatic-relations/

[2] https://qz.com/868794/taiwan-loses-another-diplomatic-ally-as-tiny-sao-tome-and-principe-switches-allegiance-to-beijing/

[3] https://www. japantimes.co.jp/news/2016/12/21/asia-pacific/politics-diplomacy-asia-pacific/taiwan-accuses-china-using-dollar-diplomacy-get-africas-sao-tome-change-allegiance/#.XablPOgzY2w

出口了價值 570 萬美元的製造業、機械和運輸設備產品 [4]；且聖普與中國的貿易總額從科斯塔總統重新執政的 2011 年開始大幅上升，而聖普與臺灣貿易總額從 2012 年開始直線下降（見圖 5-2）。

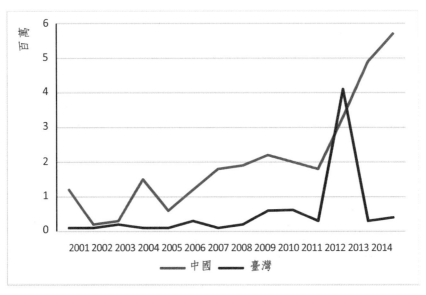

ʃ 圖 5-2：聖多美和普林西比與臺灣和中國的貿易總額（單位：百萬美元）
資料來源：https://www.theatlas.com/charts/SJ6JdtDNx

5. 小結

　　從 1991 年至今聖普先後經歷了 18 個不同的政府，沒有一個政府可以走完一個任期，先後出現的政黨有解放運動－民主融合黨（PCD）、獨立民主黨（ADI）、民主變革運動黨（MDFM）、基督教民主陣線社會主義聯盟黨（FDC, PSU）、聖多美工人黨（PTS）等，政權爭奪主要集中在前四個政黨之間。這中間夾雜著爭奪福利和國家資源的鬥爭以及政治家之間的個人矛盾，但造成政黨動盪的根本原因還是聖普糟糕的經濟；受葡萄牙殖民主義的影響，政府的很多高位從葡萄牙人手中交接，

---

[4]　And then there were 21: Taiwan says goodbye to tiny São Tomé and Príncipe (2016). https://qz.com/868794/taiwan-loses-another-diplomatic-ally-as-tiny-sao-tome-and-principe-switches-allegiance-to-beijing/

國內缺乏有經驗的政府人才；又由於獨立後政權更迭過於頻繁，公職人員也隨著更換，造成政府辦事效率低下，社會發展緩慢，又反過來影響了國內經濟的發展。

聖普獨立以來實行的靈活、務實的「小國外交」政策，即根據國內外環境及時進行外交政策的調整，是由於迫切需要東西方援助和資本的流入來克服危機造成的。其外交政策的左右搖擺也是因為需要保證其與相對發達的國家建交，幫助其國內經濟的發展同時避開強國政治勢力鬥爭的漩渦。聖普外交政策的前後轉變及重新定位是對該政權不結盟政策的調整，而不是從一個聯盟轉向另一個聯盟，是因其追求國家利益，以獲得外來援助促進國家利益最大化。聖普獨立以來的外交政策，體現了小國外交智慧。同一位領導者在執政期內先後做出的兩種外交政策選擇，也可以看出聖普的外交政策緊緊圍繞其國家利益及經濟援助，兩者是聖普外交和國際關係中最持久、最核心的概念，也是聖普外交政策的出發點和落腳點。

（四）影響聖多美和普林西比外交政策的因素

根據上文的敘述可以看出，聖普的國情具有一定的特殊性，五任總統的外交政策略有不同，具體分析影響聖普「小國外交」的主要因素，可以發現主要包括以下五方面，分別是國家領導人的個人因素、國際體系、地理位置、國家利益、外交機構的薄弱性。

1. 國家領導人的個人因素

在外交政策選擇以及國家利益權衡的過程中，國家領導人尤為重要，因為領導人具有較大的決定權及選擇權。因其處理事務的風格存在較大不同，對於同一件事務，不同領導者之間的處理方式不同。例如，在東德接受教育，受社會主義思想影響頗深的科斯塔總統，對西方思想理論懷有一定的排斥心理，因而較熱衷於社會主義運動，雖因經濟陷入困境選擇轉向西方，但其兩任任期都為與社會主義國家建立良好外交關係及聖－中友誼做出了巨大努力和貢獻。就聖普而言，地小人少，政府的行政機構較為簡單，所以領導者在對國際及國內事務進行處理時，政

治權威較高，相較於其他國家的領導者而言，聖普的國家元首所選擇的外交政策所產生的影響也極大。

2. 國際體系

由於小國自身的國家地位和國際勢力有限，因此很難對國際體系造成根本性的影響，只能被動接受以大國為核心的現有國際體系，因此，聖普的外交政策極易受到國際環境的影響。聖普獨立初期國際體系呈現為兩極結構，由於聖普自身實力較弱，其傾向於選擇靠近其中的一方，尋求安全保障；蘇聯解體後，美國獨大時，聖普作為一個實力較弱的小國只能傾向於採取依附型戰略，俗話說：「背靠大樹好乘涼」，選擇同美國等親美地區交好如臺灣，聖普要想獲得此時的利益就必須迎合大國意志。自 2016 年起，國際體系逐漸朝著多極化的方向發展，小國在外交政策等方面也獲得了更多的選擇，小國也可以結合國家當前的發展狀況以及國家利益等自主選擇，因此聖普恢復與中國的友好外交關係與臺灣地區斷交。由此可見，國際體系的變化會顯著影響到小國的外交政策以及發展方向。

3. 地理位置

地緣政治學主要的研究內容是根據地理位置來分析國際政治形勢，主要揭示的是地理條件對政治形勢的影響，其觀點是地緣條件會深刻影響到國家的外交決策。聖普是位於非洲中西側幾內亞灣東南部的島國，因地緣因素其與安哥拉、莫桑比克等葡語國家及赤道幾內亞、加彭等相鄰國家間的聯繫較為緊密。外交政策也側重於維護非洲內部的團結，對區域間的合作高度重視，支持非洲一體化。而一些小國如二十世紀末的新加坡，因其具有優勢的地理條件吸引著大國的關注與競爭，其一舉一動牽動著大國的神經與地區局勢，能夠以小博大，取得超出其實力的影響力，新加坡正是藉此崛起。兩者雖同樣作為小國家，外交政策卻因地理位置的不同有很大差異。

4. 國家利益

受到國家利益的影響，不同國家會選擇不同的外交方式。聖普國內

政黨頻繁的更迭和經濟政策的效果不明顯，近半數民眾的溫飽成問題，
國內發展形勢堪憂，因此聖普的國家利益決定了其所奉行的外交政策向
政治和經濟利益傾斜。同時因小國的脆弱性，使其常有不安全感，因此
安全利益也是其外交的重要因素。聖普強調通過對話解決爭端，積極推
動安哥拉和幾內亞比索和平進程，同時譴責大國和國際金融機構干涉發
展中國家的內政，希望能夠進一步增進南南合作，改變南北之間的力量
對比，這些外交行為體現了其奉行「平衡外交」的理念（李意，
2019），希望通過維持穩定的地區格局，謀求本國的和平發展。

5. 外交機構的薄弱性

因其國家實力的影響聖普在外交中缺乏人員、財政和通訊資源的支
援，使其只能選擇性地在國外建立外交使團，如前殖民國、鄰國和世界
主要大國，在其他國家的大使館較少。因此與大多數國家依然保持較低
水準的雙邊接觸。截止 2018 年，聖普駐國外大使館僅有四處，兩處位於
非洲，兩處位於歐洲（見表 5-3）；

表 5-3：2018 年聖多美和普林西比駐國外大使館統計圖

Sending States	Receiving States (by regions)										
	Afr-ica	Asia	Eur-ope	Indi-an Oce-an	Lat.. Am. & Caribb-ean	Mid East	North Amer-ica	Paci-fic	Total (bilat-eral)	Miss-ions to Int. Org	Grand Total
Africa	42	9	35	-	6	7	10	-	109	9	118
Botsw-ana	6	1	2	-	-	-	1	-	10	1	11
Cape Verde	2	-	9	-	2	-	1	-	14	1	15
Djibou-ti	5	1	1	-	-	3	1	-	11	1	12
Equat-orial Guine-a	3	1	3	-	-	-	1	-	8	1	9
Gabon	14	3	8	-	3	2	2	-	32	1	33
Gambi-a, the	3	1	3	-	-	2	1	-	10	1	11
Guinea - Bissau	4	1	5	-	1	-	1	-	12	1	13
Sao Tome	2	-	2	-	-	-	-	-	4	1	5
Swaziland	3	1	2	-	-	-	2	-	8	1	9
Caribb-ean	1	3	23	-	17	-	22	-	66	16	82

Sending States	Receiving States (by regions)										
Antigu-a and Barbu-da	-	-	2	-	-	-	2	-	4	1	5
Baha-mas	-	-	1	-	-	-	2	-	3	1	4
Barba-dos	-	-	2	-	1	-	2	-	5	2	7
Belize	-	1	4	-	4	-	1	-	9	3	13
Domin-ica	-	-	1	-	-	-	2	-	3	1	4
Grena-da	-	-	2	-	-	-	2	-	4	1	5
Guyana	-	1	2	-	4	-	2	-	9	1	10
St Kitts & Nevis	-	-	1	-	-	-	2	-	3	1	4
St Lucia	-	-	2	-	-	-	2	-	4	1	5
St Vince-nt & Grena-dines	-	-	2	-	-	-	2	-	4	1	5
Surina-me`	-	-	2	-	5	-	1	-	8	1	9
Trinid-ad & Tobago	1	1	2	-	3	-	2	-	9	2	11

資料來源：Europa World ear Book（2018）

　　綜上所述，聖普作為一個小國，其外交政策與國家領導者行事特點、外交機構的薄弱性、國家實力及地理位置、國家利益的評估及國際體系有著非常緊密的聯繫，不管最終哪一種外交政策都需要從以上層面對其展開全方位的討論與分析。

四、從聖普與中國建交反覆過程看聖普外交路線

（一）1975 年與中國建交始末分析

　　聖普獨立後的第一任總統科斯塔是當時左翼民族主義活動家，被稱為「非洲社會主義」的代表人物之一。在聖普獨立後，科斯塔總統即按照蘇聯模式建立了一個一黨制的社會主義國家，執政的 MLSTP 政黨也通過了社會主義經濟計畫。

　　同時聖普當時的外交政策同樣傾向於社會主義國家，獨立後的第一

個建交高潮也主要圍繞社會主義國家展開。中國與聖普的外交關係早在
聖普獨立之前就已建立。1971 年應中國人民對外友好協會的邀請，聖普
解放運動就曾派代表團訪華。獨立前夕，聖普解放運動總書記曾邀請中
國政府代表團參加聖普獨立慶典。1975 年 6 月中國派出農業技術組，在
兩國技術人員的配合努力下，聖普有史以來第一次試種水稻成功，增強
了該國人民發展經濟的信心，也鞏固了聖－中兩國人民的友誼，受到科
斯塔總統的高度讚揚（Sérgio, 1985）。1975 年 7 月 12 日，聖普宣告獨
立，中國周恩來總理致電科斯塔總統表示祝賀，並予以承認。中國駐加
彭大使代表中國政府出席聖普獨立慶典。7 月 14 日中、聖普簽署了建交
公報，為了表示雙方對兩國關係的重視，以聖普宣布獨立的 7 月 12 日作
為建交公報簽署日期。兩國建交後，外交關係發展順利。

　　以上均可看出獨立初期，聖－中兩國訪問頻繁，外交關係良好。作
為一個小國家在獨立初期保持國家獨立自主的前提下，聖普首先依靠世
界大國蘇聯，從而發展與其他社會主義國家在政治、經濟、安全等各方面
的關係，且主動與同為社會主義的中國尋求外交關係，積極爭取中國的
支持與承認。這一事實符合「小國外交」的基本原理，它的主要目的是
通過靈活處理與國際組織、不同國家的關係，從而使其得到更好的發展
空間，搭上一些大國發展的順風車，維護和實現小國的國家利益和目標。

（二）1997 年與中國斷交始末分析

　　伴隨著蘇聯解體，美國一方獨大，新一任政府徹底推翻之前的經濟
政策，經濟一度面臨混亂，加之政府的腐敗行為，造成了民眾的反抗和
政黨對權利的角逐，由此引發了持續的經濟危機和政治危機，更失去了
歐盟的援助。無法解決這些問題的總統，一方面開始急於尋求美國的幫
助解決本國難題，另一方面繼續與能夠提供援助的國家、機構進行交
涉。與此同時，1993 年 6 月，臺灣當局開始積極與聖普接觸，尋求建立
「外交」關係。在 1996 年美國對華實行貿易制裁的同時允許李登輝訪
美，並支持臺灣當局推行「以臺制華」政策後，1997 年 1 月，在中國錢其
琛外長訪問聖普期間，臺灣外交部長章孝嚴也到西非一帶活動。臺灣當局

許諾給聖普3,000萬美元貸款和500萬美元現金（Timothy, 2015）。在臺灣當局「金元外交」的銀彈攻勢下，特羅瓦達總統於1997年5月6日宣布同臺灣「建交」，與所謂的臺灣建立所謂「外交關係」。特羅瓦達的這一決策繞開了政府和國民議會，此舉一度受到總統所在政黨、議會的強烈抗議，在聲明中，政府發言人表示「特羅瓦達總統與臺灣建交將會傷害聖普的國家利益，在與臺灣建交過程中所獲得的利益遠遠小於同中國保持友好關係所帶來的收益。」（聯合報，1997）但是特羅瓦達對建交行使總統令，對與臺灣建交進行了確認。

　　1997年6月18日，中國駐安哥拉使館臨時代辦李寶均約見聖普總理顧問戈麥斯，戈麥斯受聖美總理的指示，專程到安哥拉向安哥拉總理解釋與臺灣當局「建交」一事。戈麥斯表示，與臺灣當局「建交」完全是特羅瓦達總統獨斷專行進行的。為了保持國家的穩定，戈麥斯說，聖美政府被迫接受總統的決定，並解釋了原因：聖普國內政局長期不穩定，有發生社會衝突的可能；各方長期僵持，唯一的解決辦法是總統解散政府、議會，提前舉行大選，這種辦法對國家不利；即使議會不批准與臺灣當局「建交」的協定，總統法令同樣具有法律效力；臺灣當局的「銀彈外交」起了作用，臺灣當局許諾的3,000萬美元貸款和500萬美元現金，對經濟困難的聖普充滿誘惑。聖普國內的有識之士（絕大多數政府成員持這種觀點）認為，通過比較臺灣當局的援助許諾並不能彌補同中國長期穩定的合作中得到的東西（Gualter Sousa Pontes da Vera Cruz, 2014）。

　　在大部分時間裡，臺灣在非洲大陸維持著7到8個外交盟友，這個數字在1997年短暫增加到10個，儘管如此，這一增長是短暫的（Skidmore, 2002）。臺灣對非洲外交關係十分渴望，也在非洲更多地區設立非正式辦事處，如臺北經濟文化代表處。此外，儘管政治環境不斷變化，甚至臺灣自己的外交理由也在變化，但其與非洲關係仍不穩定，冷戰期間和冷戰後的外交關係仍然岌岌可危，各國經常在沒有明確的意識形態或政治理由的情況下，在臺灣和中國之間交換支持。這一點在非洲尤為明顯，塞內加爾和中非共和國自1962年與臺灣建交以來，各換了五次。貝寧、布吉納法索、查德、甘比亞、賴索托、賴比瑞亞和尼日都曾兩次或兩次以上地轉換外交承認；這也是聖普在臺灣與中國政府外交關係轉變

承認的原因。

以上外交舉措充分體現了聖普選擇依靠美國這一大國時，就不得不跟隨美國的外交方向。同時，受領導人個人的主觀因素影響較大，以與臺灣建交一事來看，領導個人與政府立場不一，很難同步，體現了這個小國體制的混亂性與一定程度上領導者的獨裁。另一方面，體現了聖普作為一個小國其外交選擇具有一定搖擺性，臺灣外交部的一份聲明也指出說，聖普一直在試圖「徘徊在海峽兩岸，以獲取更高的價格」。這一事實為「小國外交」理論進行了完善與補充，在與小國交往的過程中我國應時刻保持警惕，做好充足的準備，以應對小國隨時可能出現的變數。

（三）2016 年與中國復交始末分析

對聖普而言，一方面中國的國際地位提升獲得了世界的認可，另一方面中國與非洲國家的聯繫日益緊密。2006 年召開的中非合作論壇北京峰會上，非洲元首齊聚北京，發表了《北京宣言》宣布中非建立新型戰略合作關係。聖普作為非洲國家的一員日益重視與中國的友好關係。科斯塔總統於 2014 年 6 月訪問北京，這次非正式訪問也成為聖－中關係的轉捩點。

2016 年 12 月 20 日，卡瓦留總統與中國恢復了外交關係。根據臺灣中央社的相關報導，臺灣外交部門發言人宣布確實出現聖普和臺灣進行斷交的事，其起因是由於聖普當局不合理的經濟訴求，臺灣政府再三思考，金錢「外交」不再適合當前健康的外交政策，所以選擇拒絕。聖普與臺灣地區之間的「無預警斷交」，證明聖普正確評估了當前的國際局勢與國家利益，此舉完全是整個時代的大勢所趨。

五、結　語

（一）聖多美和普林西比的外交政策

縱觀聖普與中國的建交、斷交和復交，其外交政策的執行一方面受

領導人的主觀影響，即使政府不認同總統行為，但由於在外交權歸於總統的制度下也難對此有所作為。同時其「小國外交」緊緊圍繞國家利益，在獨立初期，國家安全面臨危機的情況下安全利益就成為聖普國家最根本的利益，外交政策也以維護國家安全為首要目標，發展則成為次要和附屬的東西；在和平時期，國家的基本利益是安全利益，國家的最高利益是發展利益，為緩解國家經濟困境，促進經濟發展，聖普外交政策以獲得經濟援助為首要目標，也正是因為聖普國內的政治經濟狀況使臺灣的「金元外交」有了用武之地。第三方面聖普作為一個小國家，其外交政策受國際影響大，一定程度上左右著聖普外交政策的走向。研究聖普的國家利益對剖析聖普外交政策，解讀聖普與中國斷交又復交的外交選擇有重要作用。

（二）聖多美和普林西比外交政策對中國的啟示

聖普落後的國家實力在短時期內並不利於提升我國商品出口和勞務輸出的品質，聖普的通貨膨脹嚴重且財政赤字嚴重，距離中國遙遠，同時其外交依然具有一定的搖擺性，因此恢復外交後還是主要以提供技術援助和資金援助為主，打開信任和良好互動的關係之後，深入合作會取得更好的效果。

同時，「一帶一路」沿線小國數量眾多，尤其是經濟實力較弱的小國，對小國以及他們的外交政策進行深層次的研究是十分有必要的。其研究可幫助我們進一步對小國所存在的外交心理進行了解，即它們出於什麼目的，選擇該外交行為及外交政策是為了實現怎樣的利益。通過研究，可以對小國外交政策有更多的了解，總結經驗教訓，分析預測周邊小國的外交行為，提前制定較為完善的措施，規避不必要的風險。

附錄

✐ 中－聖－臺外交活動大事紀

時間	事件
1971 年	聖普解放運動派代表團訪中。
1975 年 7 月 12 日	聖普宣告獨立，中國周恩來總理致電達科斯塔總統表示祝賀，並予以承認。
1975 年 7 月 14 日	中－聖簽署建交公報。
1975 年 12 月	達科斯塔總統訪中，會見中國毛澤東主席。
1981 年	中國外交部副部長宮達非訪聖。
1983 年 7 月	達科斯塔總統二次訪中。
1986 年	中國外交部部長助理周覺訪聖。
1991 年	中國外交部副部長楊福昌訪聖。
1997 年 1 月	中國國務院副總理兼外長錢其琛訪聖。
1997 年 1 月	臺灣外交部長章孝嚴到西非一帶活動。
1997 年 5 月 6 日	聖普宣布同臺灣建交。
1997 年 7 月 11 日	中－聖斷交。
2013 年 11 月	中國駐聖普聯絡處掛牌成立。
2014 年 6 月	達科斯塔總統訪中。
2016 年 12 月 20 日	聖普宣布同臺灣斷絕外交關係。
2016 年 12 月 26 日	中－聖復交。
2017 年 4 月 3 日	中國駐聖普使館舉行揭牌儀式。

❡ 參考文獻

《各國首腦人物大辭典》編委會（1991）。各國首腦人物大辭典。北京：中國
　　社會出版社，455-458。

李意（2019）。埃及塞西政府的平衡外交政策述評。西亞非洲，5，23。

李廣一（2007）。列國志。北京：社會科學文獻出版社。

張亞中、張登（2016）。國際關係總論。臺北：揚智出版公司。

楚樹龍（2003）。國際關係基本理論。北京：清華大學出版社。

聖多美和普林西比國民議會（1998）。https://www2.camara.leg.br/saotomeeprincipe

賈晨（2005）。一次不尋常的出訪—聖多美和普林西比印象。當代世界，6，12-
　　15。

臺灣《聯合報》1997 年 5 月 12 日報導。

Denny, L. M. & Ray, D. I. (1988). *São Tomé and Principe: politics, economics and
　　society.* London: Pinter Publishres.

Gerhard, S. (2002). *Camaradas, clientes e compadres: colonialismo, socialismo e
　　democratização em São Tomé e Príncipe.* Lisboa: Vega.

Gerhard, S. (2016). São Tomé and Príncipe 1975-2015: politics and economy in a
　　former plantation colony. *Estudos Ibero-Americanos*, 3, 42.

Gualter Sousa Pontes da Vera Cruz. (2014). *A Democracia em S.Tomé e Príncipe,
　　Instabilidade Política e as Sucessivas Quedas dos Governos.*

Kamilla, R. R. (2012). A política externa brasileira para São Tomé e Príncipe: O teor
　　político da cooperação Sul-Sul (1975-2010). *Actas do Colóquio Internacional
　　SãoTomé e Príncipe numa perspectiva interdisciplinar,diacrónicae sincrónica.*
　　Lisboa: Instituto Universitário de Lisboa. .519-552.

Korany, B. (1984). Foreign Policy in the Third World: An Introduction. *International
　　Political Science Review.*

Morgenthau, H. J. (2005). *Politics among nations:the struggle for power and peace.*
　　Peking: Peking University Press.

Office of the high commissioner for human rights for Sao Tome and Principe (2012).
　　Human Rights Council resolution.

Okolo, A. L. (2015). China's Foreign Policy Shift in Africa: From Non-Interference to Preponderance. *International Journal of African Renaissance Studies- Multi-, Inter- and Transdisciplinarity*, 10(2), 32-47.

Skidmore N. (2002). South african institute of international affairs. *Taiwanese development aid in Africa*

Seibert, G. (1998). *SãoTomé e Príncipe*: *Instabilidade Política e Crise Econõmica num Micro-estado Insular* .

Sérgio, A. (1984). *Política externa são-tomense. BRASEMB LUANDA [Telegrama nº00049B], Luanda [para] EX TERIORES/DAF-II, Brasília.* pp. A2.

Sérgio, A. (1985). *Demandas são-tomenses na área de cooperação bilateral.* BRASEMB LUANDA. [Telegrama nº 000612], Luanda [para] EXTERIORES/ DAF-II, Brasília. pp. A1.

Waltz, K. N. (2005). *Social theory of international politics.* Peking: Peking University Press.

The World Bank (2001). *Sao Tome and Principe- Country assistance strategy completion report (CASCR) review for the period FY2001-05: OED review.*

The World Bank (2005). *Sao Tome and Principe - Country assistance strategy.* Retrieved from: https://www.countrywatch.com

The World Bank (2010). *Sao Tome and Principe- Country assistance strategy.* Retrieved from: https://www.countrywatch.com

The World Bank (2015). *Sao Tome and Principe- Country assistance strategy.* Retrieved from: https://www.countrywatch.com

United States Department of state Bureau of Public Affairs (1985). *Background Notes, Sao Tome and Princip.* Retrieved from: https://books.google.com/books?id=Twd JAQAAMAAJ&pg=PP5&lpg=PP5&dq=Manuel+Pinto+da+Costa%27s+foreign +policy&source=bl&ots=iOkmGMv1cC&sig=ACfU3U2-R1CvbH4oEaHWMom DUpjvdCZMFw&hl=zh-CN&sa=X&ved=2ahUKEwjv78a

United States Department of state Bureau of Public Affairs (1991). *Background Notes, Sao Tome and Princip.* Retrieved from: https://books.google.com/books?id=UQd JAQAAMAAJ&pg=PP6&lpg=PP6&dq=Diplomatic+relations+between+SAO+t

ome+and+principe+and+the+former+Soviet+union&source=bl&ots=UTDLE9Ji-b&sig=ACfU3U0i5O9sRDYtdYpWlNgZzMqP5pz52A&hl=zh-CN&sa=X&ved=2ahUKEwjGg-jl6KzlAhVcIqYKHWJZCNoQ6AEwD3oECAkQAQ#v=onepage&q=Diplomatic%20relations%20between%20SAO%20tome%20and%20principe%20and%20the%20former%20Soviet%20union&f=false

Zheping Huang & Isabella Steger (2016). *And then there were 21: Taiwan says goodbye to tiny São Tomé and Príncipe*. Quartz, December 21, 2016. Retritived from https://qz.com/868794/taiwan-loses-another-diplomatic-ally-as-tiny-sao-tome-and-principe-switches-allegiance-to-beijing.

Chapter 6

從澳門「土生葡菜」看
葡萄牙殖民歷史中的文化擴散作用

Cultural Diffusion in the Portuguese Colonial History: The Case of Macanese Cuisine

柳嘉信、陳思樂

Eusebio C. Leou, Sile Chen

本章提要

　　澳門是中西文化交融的城市，澳門「土生葡菜」是澳門重要的飲食文化，於 2012 年成為中國非物質文化遺產之一。本研究的目的為探討葡萄牙的飲食文化通過文化擴散的方式是如何在澳門形成了地道的澳門「土生葡菜」，作為異國飲食的澳門「土生葡菜」是被如何看待的。透過內容分析法、問卷調查法，進行資料數據分析處理與討論。本文從異國飲食、文化形象、飲食的真實性、文化擴散四個層面進行文獻綜述整理和問卷調查。

關鍵詞：異國飲食、文化形象、真實性、文化擴散、「土生葡菜」

Abstract

　　Macau is a city with a blend of Chinese and Western cultures. Macanese cuisine is an important food culture in Macau. It became one of Chinese intangible cultural heritage in 2012. The purpose of this study is to explore how the Portuguese food culture has formed authentic Macanese cuisine in Macau through cultural diffusion, and how the Macanese cuisine is treated as an exotic diet. Through the content analysis method and questionnaire survey method for data analysis and discussion. This article reviews and surveys the literature from four levels: exotic food, cultural image, authenticity of food, and cultural diffusion.

Key Words: Exotic Food, Cultural Image, Authenticity, Cultural Diffusion, Macanese Cuisine

一、前 言

　　探討飲食文化經常以地域（locality）為焦點，講述地方口味特色和歷史變遷（張玉欣，2000，2001，2002，2004），或是探討特定地區中飲食特徵的融會，如何體現了個人、家庭、乃至於整個社群的變遷（曾品滄，2013；陳玉箴，2016）。飲食在這類分析中是社會生活的體現，因為其具有銘刻集體記憶的文化象徵意涵（蘇恒安，2013；江柏煒，2013）。Long（2004）強調，品嘗他人的美食是一個人真正體驗和接受不同文化的方式。遊客對當地和正宗的食品表現出極大的興趣和尊重（Dimara & Skuras, 2003; Sims, 2009）。品嘗地方的美食，對旅客而言，是非常重要的旅遊活動，不只是為了補充營養，更是體驗地方文化的一種方式（Mak et al., 2012）。

　　對於許多曾經到訪澳門的華人遊客而言，談到對澳門的旅遊印象，大多會提到「葡國菜」。然而，說起葡國菜，大多數遊客都覺得應該是葡萄牙菜，但是事實上在澳門，葡國菜有「正宗葡國菜（Portuguese Cuisine）」和「澳門葡國菜（Macanese Cuisine，即『土生葡菜』）」之分。從中文字面上看，兩者都有「葡」，所以經常引起使用中文語境下一般人混淆，誤以為兩者是同一菜系。然而若從英文來看，就很明顯可以看出兩者的區別。在葡萄牙的殖民地澳門裡，會存在著兩種都被稱之為「葡國菜」的不同菜系，其中的差距究竟為何，或許大多數人都說不上來，也值得深究。

　　飲食承載了人群與地方長久共構下的生活記憶與習慣印痕，也是風土氣候、社會組成及生產關係的體現。飲食地景（foodscape）凝聚了特定地域中，特殊群體的身體感知、家族生活，以及社會生存條件。當族群開始遷移，人群與地方分離，既有的飲食之道（foodways）同時發揮了在異鄉延續認同的效果。飲食作為認同協商的場域，既是離散族裔延續懷鄉情感的線索，通過飲食召喚的情感和滋味，來連結實際上已然離散的族群，卻也是新生代塑造新認同與地方連結的媒介（高郁婷、王志

弘，2018：34）。世界上存在許多飲食習慣融合的例子，諸如日本移民到秘魯後所衍生出的 Nikkei Cuisine、拉美移民到美國後所出現的美式墨西哥菜（Tex-Mex）、馬來人與中國人通婚後在東南亞地區出現的娘惹菜（Baba-Nyonya）。而事實上在中國也存在著一個融合了葡萄牙、非洲、東南亞、中國粵菜等元素所形成的融合菜系，稱之為「土生葡菜（Macanese Cuisine）」。

在葡萄牙對澳門的殖民歷史背景下，本文將從文化擴散的角度出發，探討殖民過程下葡萄牙對澳門產生的影響作用，以澳門「土生葡菜」為例，探索時至今日葡萄牙文化在澳門留下了哪些足跡。通過本文的研究，試圖從「土生葡菜」的原材料、烹調方式和口味等進行分析，並對照其與葡萄牙菜系之間的差異性，並了解經過幾百年的文化碰撞與融合，從沉澱下來的文化現狀進一步探索出葡萄牙飲食文化是如何在澳門留下的足跡。

二、澳門、土生葡人與「土生葡菜」

澳門位於珠江口西側、南屏河的入海口，是一個三面臨海、一面連接大陸的半島，地理位置條件讓這個面積僅三十平方公里的城市，成為一處河海水運的樞紐。根據歷史文獻對於澳門發展緣起最早的相關記載，始見於 1739 年（清乾隆四年）由大清帝國所刊行的《明史‧佛郎機傳 [1]》當中的描述，將當時還是個小漁村的澳門稱之為「蠔鏡」（濠鏡），從此以後還有濠江、海鏡、鏡湖等多個別名。1535 年（明嘉靖十四年），葡萄牙人獲取在澳門碼頭停靠船隻，進行貿易的權利。1555 年，葡萄牙人以曝曬被水浸泡過的貨物為理由登岸居住。在 1751 年（清

---

[1] 1553-1557 年葡萄牙人占據澳門以後，中國文獻開始有了關於澳門的記載，但這些記載多數是零碎的，僅能算作史料。乾隆四年（1739）刊行的《明史》中《明史‧外國傳》中的一篇〈佛郎機傳〉，全文 2,500 字，是當時中國人關於明代中葡關係和澳門歷史的重要著述。

乾隆十六年）由大清帝國曾任地方官吏「澳門同知」的印光任、張汝霖兩人所合著的《澳門紀略[2]》當中，對於「澳門」的地名由來所描述，「其曰澳門，則以澳南有四山離立，海水縱貫其中。成十字，曰十字門，故合稱澳門」。1553 年開始有葡萄牙人在澳門居住，1557 年葡萄牙人從當地政府手中求得了在澳門的居住權，成為了第一批通過澳門進入中國的歐洲人。葡萄牙人以葡萄牙文全稱「Cidade do Santo Nome de Deus de Macau（意即「聖名之城[3]」）」稱呼此地，也以Macau簡稱來稱呼。澳門也開始以「Macau（媽閣的葡萄牙語譯音）」一字，出現在歐洲國家所繪製的世界地圖之上。經過四百多年的葡萄牙殖民統治歷史時期，澳門在文化、飲食、語言等方面不同程度地受到了葡萄牙的影響，使澳門成為中國與葡萄牙文化交融的地方。澳門地理位置處於嶺南最南端，海產豐碩且種類繁多，食物來源豐富，又有特殊地理環境和歷史背景，因此在飲食文化上的要求很高（彭海鈴，2010）。

在澳門有一個特殊人口群體，長期以來被約定俗成地以中文稱之為「土生葡人」，而葡萄牙語則稱之為「Macanese（意即『澳門人』）」或「filho de terra（意即『大地之子』）」，這個群體的形成背景，大致是源自葡萄牙人或將自己在非洲、印度、東南亞等地的眷屬接到澳門生活，或在澳門與本地女子通婚有關；其特徵在於父系祖先基本上來自葡萄牙，母系則來自亞洲各地，並在澳門出生、成長，血緣上屬於歐、亞混血（鄧思平，2009；盧山園，2016）。這個族群迄今仍然沿用著諸多的傳統，例如保有葡文姓名、天主教的節慶習俗、在葡文學校接受教育、在家中使用著只通行於族群內的「土生葡語（Patuá）」、或者保有

---

[2] 《澳門紀略》是世界上最早刊行的一部關於澳門歷史的著作，亦為第一部出於中國人之筆下，有系統地對澳門進行介紹的中國地方誌著作。

[3] 有關於「聖名之城」的由來，大致為 1580 年當時葡萄牙王殷理基（Enrique I）終老後無子嗣，西班牙王菲力二世（Filipe II）以血緣關係對葡萄牙王位有最優先繼承權為藉口，用武力吞併葡萄牙，直至 1640 年，葡萄牙王約翰四世即位復國。在此六十年間，澳門如常懸掛葡萄牙國旗，葡萄牙王約翰四世（Joan IV）有感澳門的忠誠，因此於 1654 年向澳門頒以「Cidade do Santo Nome de Deus, Não há Outra Mais Leal.」即是上述所指的「天主聖名下，無比忠誠的城市」的稱號，以嘉許澳門對葡萄牙皇室的忠誠。

自身的「土生葡菜」飲食習慣等，然而在經過了長時間的世代交替之後，許多粵語流利的土生葡人或許已經不見得能使用葡語，或者無法追溯他們在葡萄牙的族譜或祖籍，也甚至在容貌外觀上已經看不出他們與本地華人之間的差異。在文化認同上，對大部分土生葡人而言，澳門才是他們的家，對澳門有著較強的歸屬感。

　　澳門文化局官網對於「土生葡菜」做了如此的描述：在那個以風帆為動力的年代，在漫長的海上航行和沿岸停泊期間，葡萄牙人將非洲和亞洲不同地區、不同民族、不同文化的生活方式和飲食習慣逐漸融合在一起，成為他們日常生活的一部分。當他們在中國南海之濱的澳門定居時，將自身的歐洲文化連同沿途各地的不同習俗，與當地華人的生活方式相結合，「土生葡人美食烹飪技藝」就是目前在澳門主要保存的文化之一（澳門文化局，2020）。從相關的歷史進行梳理後，可以發現大航海時代葡萄牙人的航海路線，大致沿著非洲西海岸，繞過好望角，經過印度西岸的果阿（Goa），接著是馬來西亞海岸的麻六甲、印尼東部香料群島，也就是摩鹿加群島（Moluccas）中的德那第島（Ternate）；最後到達明帝國邊緣的澳門。自十六世紀葡萄牙人抵達澳門之後，從非洲的西海岸、印度的果阿、馬來西亞的麻六甲傳入了諸如辣椒、胡椒、咖哩、薑黃等大量香料，搭配當地新鮮的蔬果、肉類、海鮮、家禽，再由心靈手巧的廚師用古老的葡式和東方特有的方式烹調出來，成就了世界上獨一無二的澳門葡國菜－「土生葡菜」。

　　張傑豪（2013）在《澳門葡國菜美食作為觀光吸引力之研究》一文中研究發現，葡萄牙是沒有葡國雞飯的，因為葡國雞是澳門的特色美食，非洲雞也是，是由土生葡人發明出來的；葡萄牙菜少見用白飯，通常會要加上醬汁，或是加水果，使米飯更味道，但澳門吃到的葡國菜是用白飯的；葡萄牙很少可以吃到辣的食物，但在澳門可以吃到非洲雞這一道有辣味的葡國菜。這裡可以見證了澳門的葡國菜融入了東南亞的香料，有辣味的出現，在葡萄牙所吃的葡國菜較少吃到辣的食物，都是吃它本身的原味；正宗葡國菜的口味最主要的是比較重，還有比較鹹，而葡萄牙當地的甜點，食物味道是比較濃郁，甜點是非常的甜。澳門受到了葡萄牙的殖民統治下，原本之飲食形態因為受到了外來飲食的影響，

融合了中西各地不同地方的菜色，經過不斷的改良、創新，創造出不一樣的中葡料理，使澳門葡國菜擁有別具一格的特色，讓澳門的文化形象更具有吸引力。

東方香料是歐洲往來遠東海上貿易的主要商品，為葡萄牙人帶來豐厚的利潤，因此，葡萄牙人是最早了解東方香料並經營東方香料貿易的歐洲人，他們將東方香料融入自己的日常生活並帶往世界各地也就是自然的事。讓食材、料理得以達到大規模交流的，則是交易、移居、戰爭，其中又以日常反覆的移居與交易最能達到交流之目的，也使得絲路、草原之路、海洋之路得以持續發揮功能，成為飲食交流的大動脈（Miyazaki, 2006: 86）。當時的葡萄牙人對丁香、肉桂等辛香料十分著迷，可以說，葡萄牙人是為了尋找這些香料才去印度的。1505 年，丁香與肉豆蔻分別年產 130 噸左右，半數運至印度、中國，半數去到了歐洲（Masakatsui, 2006: 125）。1512 年，葡萄牙人踏上香料群島，成為第一批登島的歐洲人，後來歐洲人多次來島，尋求丁香、肉豆蔻、肉桂等香料（Yamamoto, 2016: 136-157）。當時唯一生有丁香樹的地方，是摩鹿加群島附近的火山島嶼。多少世紀以來，當地島民摘取這種桃金娘科常綠喬木尚未綻放的乾燥花蕾，賣給來來往往的阿拉伯人、馬來和中國商人。葡萄牙指揮官安東尼奧・德・阿布瑞尤（António de Abreu）率領三艘小船赴印度班達群島，他找來了馬來人領航，在離島十哩時就聞到了豆蔻隨風飄來，因此他知道走對了方向。阿布瑞尤在島上待了一個月，船上的每一寸空間都填滿了豆蔻和豆蔻皮。在歐洲烹飪中，豆蔻主要用在蛋糕、布丁和醬汁，以及部分傳統肉類食物。在印尼和馬來西亞，豆蔻果肉常用在製作果凍和醃菜（O'Connell, 2015: 136-266）。「土生葡菜」在醃製和烹飪過程中運用了大量的香料，然而這些香料的原產地都並非葡萄牙或是中國。從上述的過程中可以看出，「土生葡菜」裡大量使用到的各類香料是如何從原產地擴散到澳門，被土生葡人融合到「土生葡菜」裡面，從而烹調出這世界上獨一無二的菜餚。

辣椒的故鄉在中南美洲，十五世紀末哥倫布從加勒比海的西印度群島第一次把它帶回歐洲。然後，人們又將這種作物從歐洲帶到非洲、亞洲等世界各地。葡萄牙人早在 1400 年代，經由探險而在非洲的西海岸和

東海岸都建立了據點，後來葡萄牙人達伽瑪（Vasco da Gama）發現了從歐洲經過非洲南岸到達印度的航道，再後來又航海到印度和東印度群島，開闢了新的貿易路線。他們運用這些路線，將辛香料等珍貴物產從東亞進口到歐洲。葡萄牙人利用遍布各地的貿易網，在世界各地搜羅奴隸和商品，其中也包含了中南美洲產的辣椒，葡萄牙人把辣椒裝在Galeón 帆船（按：西歐各國爭相建立海上強權的大航海時代所使用的大型帆船，在十六至十八世紀期間被歐洲多國所採用。），將辣椒運往下一個交易地點－非洲西海岸。載著辣椒的船通過好望角，來到印度西海岸的殖民地果阿（Goa），再經由在東南亞新闢的殖民地澳門，從中國南部的廣東、廣西登陸，而將辣椒傳進中國（Yamamoto, 2016: 13-170）。霹靂醬（Peri-peri 或 pili-pili）的原材料是非洲史瓦希利語奇特品辣椒（chiltepín），或稱雀眼椒，是常見小米椒的變種。小米椒原生在南北美洲，但經西班牙和葡萄牙人流傳，散布到歐亞非洲各地，即使過了兩、三年，它的種子依舊可以生存。著名「土生葡菜」非洲雞就是因此得名。

胡椒（Piper nigrum）僅次於辣椒，是交易量第二的香料，用途廣泛，無論是菜色調味，還是在烹飪中當配料使用，都一樣有用。胡椒最根本的來源是印度西南沿岸，生長在馬拉巴和特拉凡科（Travancore）的森林裡。印度其他地區有胡椒生長，1637 年東印度公司商人孟迪（Peter Mundy）就在古吉拉特的蘇拉特（Surat）發現一個「胡椒園」。荷蘭東印度公司的牧師維斯契（Jacobus Canter Visscher）稱胡椒是「最廉價但絕非最無用」的香料，這也是當今世人的看法。希爾（Carolyn Heal）和歐索普（Michael Allsop）在《香料烹飪（Cooking with Spice, 1983）》中說：「沒有必要列出胡椒的用途，因為所有的主菜、湯、鹹味的醬汁、沙拉和前菜全都會用上。」羅馬人不論征服哪裡，都會把胡椒帶去，也因此，歐洲各地都可看到這樣的胡椒罐。除此之外，胡椒還是羅馬和印度交易的基礎（O'Connell, 2015）。

在澳門「土生葡菜」香料中經常被使用的還有薑黃，薑黃是最便宜、用途最廣泛的香料，它還是咖哩粉的主要成分。有些書中甚至說薑黃之所以大受歡迎，是因為它能「遮蓋腐魚難聞的阿摩尼亞味」。印度

商人穿越孟加拉灣、麻六甲海峽來到東南亞後，帶動了當地的薑黃栽培。歐洲真正引進薑黃則是在大航海時代以後的十六世紀，最先與印度交易的是葡萄牙人（Miyazaki, 2006）。咖哩在辛香料的調味料中占有極重要的地位，關於咖哩的字源，有人認為是源於南印度的泰米爾語（kari），是因為這個字裡有「（料理的）配料」、「添加辛香料的醬汁」之意。經過好望角而終於抵達南印度的葡萄牙人，把調味料的「Kari」當作料理傳回了歐洲（Miyazaki, 2006: 86）。而經常會與咖哩一同出現的椰漿，其原材料椰子也是土生澳門菜裡常見的元素，其歷史考據同樣來源於葡萄牙人的航海歷史。葡萄牙的水手當年從馬來西亞菜式中發現了椰子的美味，無論是椰蓉還是椰奶，他們都將其帶到了澳門，並融入到了「土生葡菜」裡面。

「土生葡菜」當中也有許多食材，是跟葡萄牙料理當中有共通點的，這類的同質性也能反映出「土生葡菜」當中受到葡萄牙飲食習慣的文化擴散作用。其中又可以從幾項伊比利半島具代表性的特產品看出，包括了鹽漬鱈魚乾、橄欖油、豬肉腸、馬鈴薯、乳酪等食材。只要品嘗過「土生葡菜」或者細看「土生葡菜」菜式的圖片都會發現，大多數「土生葡菜」裡都會出現一種食材，那就是馬鈴薯。發現美洲大陸促成歐洲菜的最大改變因數是馬鈴薯，早期西班牙入侵者見識到印第安人以之為食，看出它日後對歐洲意義重大。因為馬鈴薯利於儲藏又富含維生素 C，是預防壞血病的食物，因而深受大航海時代的船員喜愛，也因為這些船員，十六世紀中，馬鈴薯橫渡大西洋出現在不少地方，於 1600 年左右便種植於歐洲各地植物園（Hirschfelder, 2001: 176）。

從很久以前開始諾斯人（Norsemen）就會將鱈魚（鱈料，Gadidae）挖除內臟、掛在北國夏季的太陽下風乾，風乾後變成了鱈魚乾（stockfish）。對西班牙與葡萄牙，以及後來西非、巴西與墨西哥的窮人來說，鱈魚乾成了非常重要的依靠。到了十五世紀，漁夫開始醃鱈魚（也就是馬介休魚，西班牙語稱「bacalao」）。等到 1500 年時，所有歐洲捕魚國都會在夏天派船前往該海域捕魚，再載運鱈魚乾回來賣，特別是銷往地中海（Laudan, 2013: 290）。葡萄牙位於南歐洲沿海，面向大西洋，有海洋暖流的眷顧，氣候溫和，由於面向大海，海產魚獲豐富，這份天賜的禮物

便順理成章地成為了葡萄牙菜最主要食材來源。葡萄牙南部的阿爾加維地區（Algarve）擁有漫長的海岸線，其海鮮料理非常豐富多樣，有墨魚（choco）、鰈魚（linguado）、鱈魚（bacalhau）、旗魚（peixe espada）、章魚（polvo）、鰻魚（enguia）、貝類（mexilhue）、沙丁魚（sadinha）及花枝（lula）等。根據中國駐葡萄牙經商參處（2014）顯示，葡萄牙人均水產品消費量為 61 公斤／年（2009 年數據），居世界第五位（中國為 31 公斤／年，居第 36 位），是人均水產消費最大的非海島國家。葡萄牙料理中經常出現的一項魚類，就是葡萄牙語「Bacalhau」的鹽漬鱈魚乾（粵語音譯為馬介休魚），不僅是日常餐桌上的常客，更是款待尊貴客人的必備佳餚，堪稱是葡萄牙的「國菜」。葡萄牙人十分鍾愛使用鹽漬鱈魚乾製作料理，甚至在葡萄牙總流傳著一句話，說：「『Bacalhau』魚乾就有 365 種料理方法。」在葡萄牙的餐廳及家庭中常見以「Bacalhau」魚乾入菜的料理菜色大致有：Bacalhau à Brás（布拉斯式鱈魚）、Bolinhos de Bacalhau（鱈魚球）、Bacalhau Assado com batata（鱈魚配烤土豆和橄欖油）、Bacalhau cozido com crème（奶油焗鱈魚）。

在葡萄牙的內陸地區，以肉類為主要食品，會用到豬肉、雞肉及牛肉。豬肉是主角，有各式各樣的豬肉腸出產，比較出名的是 chouriço（黑豬肉風乾腸）。葡萄牙人對來訪客人，常以家鄉的名菜 Chouriço assado（燒豬腸）來盛情待客。相傳這道菜是為了紀念先輩衛國將士而設計的上等名菜，用此菜式招待客人以顯尊重。葡萄牙所在的伊比利半島是著名的橄欖油產地，菜肴中也經常使用橄欖油。除了橄欖油，大蒜、香草、番茄及海鹽等天然的食材也經常被用來調味，但是卻很少使用香料，用簡約節制的烹飪手法，盡量呈現食材最自然、最真實的味道。另外，因為葡萄牙畜牧業發達，還有豐富的乳製品（乳酪、牛奶、優酪乳／酸奶等），所以菜品上也多會添加乳酪調味，口味比較鹹鮮。

葡萄牙人為「土生葡菜」帶來了各種各樣的香料，而華人為「土生葡菜」帶來的則是更多的烹飪技法和當地食材。這一獨特的形成和發展形式，不僅是經歷四百多年相互融合而成的一種飲食文化，更是葡萄牙航海文化歷史上彌足珍貴的產物。經過多年的發展、創新、融合，形成了世界上絕無僅有的「澳門『土生葡菜』（Gastronomia Macaense）」菜

肴。土生葡人的飲食是以葡萄牙式烹調為基礎的一種飲食文化，融合非洲、印度、馬來亞以及本地華人飲食所用的食材、香料及烹飪方法的精髓。當時的葡萄牙殖民者到達澳門後，和眾多遠離故鄉的人一樣十分渴望吃到故鄉的菜，但當時運輸路途遙遠、保鮮技術落後，無法保證食材從葡萄牙能夠保鮮到澳門。為了解決這個問題，廚師們便利用當地物資對原材料進行了替代，例如用椰汁取代鮮牛奶、用土製香腸取代葡萄牙香腸等。與此同時，廚師們把在大航海時候發現的香料加入其中，並且結合了葡萄牙、非洲、印度、馬來西亞及中國粵菜的烹飪技術中的精華。這種結合各地食材、香料和烹調所長，創造出了以不地道聞名於世界的正宗「澳門土生葡菜」。

三、理論文獻探討

（一）異國飲食

　　飲食文化基本上是離不開當地的物產資源、自然地理條件與社會人文條件之間的交互影響（鄧之卿，2009）。異國飲食（exotic food），顧名思義就是指人們發現的非本土的、不熟悉的食材或飲食料理。Gabaccia（1998）梳理北美移民帶動的飲食演變，特別強調在懷舊、情感與文化之外，「飲食產業」更是促成遷徙族裔飲食習慣在美國雜容交匯的重要因素，表明飲食的跨文化交流顯然不是一蹴可就的，這也意味著族裔化飲食的鮮明文化標記背後，實有不同族裔的真實處境。飲食對於離散遷徙的族裔而言，扮演著聯繫自身與故鄉的角色，是知性和情感的定錨（Mannur, 2007: 11）。

　　遷徙者仰賴故鄉口味作為懷鄉和調適新生活的認同維繫之道，將家常菜轉化為異國美食。這兩種因素交錯的具體展現，往往形成以族裔風味（ethnic flavor）為特色的餐飲販賣，使得餐飲活動成為多元族裔跨界交流的重要場域，並導致飲食口味的融合和創新。族裔飲食可說是落居於溯源傳承的懷鄉式文化認同，以及前瞻創新的謀生式商業策略之間，

體現了族裔認同的劃界凝聚和跨界重組的同時並陳（高郁婷、王志弘，2018：32）。

　　食物和旅遊業之間聯繫的重要性不可小覷。例如，人們訪問義大利的強烈願望很大程度上是由於義大利的美食（Boyne 等人，2002）。義大利美食和葡萄酒推動了義大利旅遊業的發展（Hjalager & Corigliano, 2000）。同樣，法國的形象也總是與它的食物和葡萄酒聯繫在一起（Frochot, 2003）。Hu 和 Ritchie（1993）認為，食物是人們遊覽目的地的最重要原因之一。Ryan（1997）和 Smith（1991）證明，食物對旅行者對旅行的滿意度有影響。總體來說，食物似乎在旅客對旅遊目的地的總體印象和滿意度中有顯著的貢獻。

　　Richards（1996）認為，文化旅遊可能包括體驗文化景點和品嘗當地食物。隨著人們對當地美食的興趣越來越濃厚，越來越多的旅遊目的地將食物作為其核心旅遊產品。不同類型的旅遊產生不同的體驗（Long, 2004）。旅遊業的主要功能之一是提供飲食體驗。最近的研究表明，遊客旅行時將近 40% 的預算用於購買食物（Boyne, Williams & Hall, 2002）。從世界的一個地方到另一個地方旅行，我們沒有必要與人交談，甚至不用閱讀關於一個地方的相關資料，僅使用一種感覺，就能感受到一個地方的形象，人類更能由此去追溯文化。

（二）文化形象

　　文化形象（culture image）是一個國家或地區展現其形象的重要組成部分之一，是對一個國家或地區的傳統、制度、結構、內容、創新等文化方面的獨立體現或綜合評價。文化形象的作用是將文化其自身的理念與獨有性質經過系統地視覺設計進行整理和融合，然後創造出最適合傳達文化的一種形象擴散之路，其目的是為了讓公眾產生統一的認知感、贊同感和積極的價值觀念（譚昆智，2003）。美國著名政治學家塞繆爾·亨廷頓（Huntington）（1998）在《文明的衝突與世界秩序的重建》中指出「一個不屬於任何文明的、缺少一個文化核心的國家」，「不可能作為一個具有內聚力的社會而長期存在」。文化形象是在展示和說明一個

國家或地區其文化文明的一種體現形式。

　　食物不僅是旅遊者的基本需求，也是一種文化元素，可以積極地呈現目的地（Jones & Jenkins, 2002）。食物可以向旅行者傳達獨特的體驗和享受。具體來說，食物可以完全提升遊客的體驗，是旅行中最難忘的部分。因此，目的地的食物可以代表目的地的形象和獨特性（Quan & Wang, 2004），目的地可以用食物來代表其「文化體驗、地位、文化身分和交流」（Frochot, 2003）。飲食不只是文化的傳統，更是觀光吸引力的重要部分，飲食的文化可以塑造出旅遊城市的文化形象，更可以透過當地的飲食料理，加強飲食文化的辨識度。利用當地特有的飲食原料，當作促進行銷飲食文化的重要元素，地方飲食獨有的風味，更可以創造出一個饕客的朝聖必訪之旅遊目的地，當地用餐習慣是飲食文化的重要的部分，有助於旅客對地方文化的了解，使得旅遊目的地的文化形象大大提升（Hong & Tsa, 2010; 吳偉文，2012）。

（三）真實性（地道、正宗）

　　地道（authenticity）、嘗鮮（novelty）、本土（locality）是旅行中飲食經驗的關鍵要素。在全球在地化的世界中，人們試圖透過嘗鮮的行為，實現對異地的地道文化的體驗。而這個地道的體驗，讓旅行者們在一瞬間裡以為，自己已經從枯燥平凡、令人厭倦的全球化商品景觀中遁逸，獲得有別於他人的異地情調（余舜德，2016）。

　　食物之所以總是與地道聯繫在一起，是因為這些食物可是要吃下肚的，非常直接，食物的真與假、好與壞都在舌尖跳動。一項食物是否「地道」，牽涉到食材的產地、食材的選擇、食譜的版本、食材間的搭配、廚具的挑選、烹飪的方式、呈現的方式及上述這些條件的歷史的變遷（余舜德，2016），是一個複雜的論述實踐綜合體。不過，即使符合了上述的條件，食物地道或不地道，還是關乎食用者的體驗上，在視覺、嗅覺、味覺及觸覺上符合該食物被「想像」之「地道的味道」（余舜德，2016）。

　　以地理空間為飲食劃分依據的文獻，凸顯地域對飲食文化想像的重

要性（如食材產地或製作生產技術的原生地想像），說明了當有人說食物「地不地道」時，其意涵往往指其是否接近「原鄉」口味。陳玉箴（2016）便主張，authenticity 雖有各種中譯，但帶有「地方」意味的「地道」一詞，最能顯現人們在設想菜餚的真實或純正特質時，常常以地理區位作為重要判斷依據。隨著飲食串接的領域擴大，尤其是商業化拓展，原來召喚懷鄉記憶和社群認同的「地道」口味，往往需要配合顧客喜好調整，產生食物口味的融混衍異，並捲入商品行銷的符號經濟，增添了劃界與跨界的實質與修辭性風味（高郁婷、王志弘，2018：34-35）。然而，也正是在不同族裔群體的生產者與消費者的口味協商調適過程中，新的飲食風貌才能開創出來，並促使族裔化飲食場域成為不同族裔交流融會的節點（高郁婷、王志弘，2018：35）。

（四）文化擴散

文化地理學將「由文化源向外輻射或由一個文化區向另一個文化接受體的傳播過程」稱為文化擴散（cultural diffusion）（陸林，1997），其本質是「文化現象的空間位移」（錢今昔、王星，1989）。

熊晶（2011）認為文化擴散產生的原因有如下幾點：

一、文化本身決定了文化擴散這種現象的出現，一個國家或地區在創造自己的文化的同時也受到了擴散性質的影響，從而自然而然地吸收和接受對其文化發展有利的異地文化。但文化擴散是一個選擇的過程，該文化能否被接納取決於接受新文化一方當時的文化發展趨勢。

二、是由人類在社會不斷的發展過程中，所進行的各類頻繁交流活動而出現的。人類作為文化的載體，在社會交往中不斷產生交流和碰撞，久而久之便從交往中對異國文化產生興趣，逐漸求同存異，將新的異國文化融入到本國或本地區當前社會的日常生活中，稱之為自己的新文化。

三、文化的輸入和輸出在不同程度上會因為政治、經濟、戰爭、宗教等原因引發的移民、貿易、軍事侵略、傳教等活動而出現。

從文化特徵的傳遞者角度，將文化擴散分為兩大類，第一類是遷移型

擴散（Relocation Diffusion），第二類是擴展型擴散（Expansion Diffusion）。
其中，擴展型擴散包含兩種層次：傳染型擴散（Contagious Diffusion）和
刺激型擴散（Stimulating Diffusion）。從文化特徵接受者的角度，文化
擴散分為兩大類，第一類是等級型擴散（Hierarchical Diffusion），第二
類是非等級型擴散（Non-hierarchical Diffusion）。

　　美國跨文化傳播學者薩默瓦（Larry Samovar）（2004: 47）關於跨文
化傳播的定義是：「跨文化交流指的是擁有不同文化感知和符號系統的
人們之間進行的交流，他們的這些不同足以改變交流事件。」跨文化傳
播是指一個國家或地區在不同文化背景下的人類，相互協商建構的一個
象徵性過程。文化適應是指「由個體所組成，且具有不同文化的兩個群
體之間，發生持續的、直接的文化接觸，導致一方或雙方原有文化模式
發生變化的現象（Cabassa, 2003）。」

　　對於文化整合的概念，各界學者有著不一樣的見解。許蘇民（1989）
認為文化整合就是根據社會的需求和要求把不同的文化元素重新構建成
為一個具有內在的有機聯繫的文化整體。鄒東濤（1999）認為對於中國
傳統文化應該採用「宏觀繼承，綜合創新」的戰略，而要進行「宏觀繼
承，綜合創新」，就要根據經濟體制轉軌和現代化的需要，對傳統文化
「創造性解釋、創造性繼承、創造性轉化」，使傳統文化適應和促進經
濟體制轉軌和現代化的客觀要求，實現文化、改革、經濟、社會的協同
和一體化。溫波等人（2011）認為文化整合是指經過在不同的文化特質
或類型之間相互理解、融合、交匯之後所形成的一種和諧的文化體，是
各種文化在衝突、分化中吸收和融合，然後達到相互協調與平衡的狀態。

　　文化傳承是一個國家或地區的文化間的維繫與延續生存的重要手
段，它肩負著將前任創造和積累的各種文化寶藏和經驗世代相傳的重大
使命。異國飲食發生在歷史上任何一個國家或地區內，隨著社會文明的
發展，跨文化傳播與交流隨處可見，這是飲食文化的沉澱、認同與融
合。當下有越來越多的遊客選擇美食旅遊，在旅遊過程中不僅可以體驗
景點觀光，而且還能從品嘗當地食物中體驗與認知當地的文化形象，食
物可以向旅行者傳遞其獨特的體驗和感知。而食物是否地道，除了主觀
意識上的體驗品嘗，還有客觀環境下食材的產地、食材的選擇、烹調的

手法等呈現方式。

四、觀察與實證

　　談及飲食文化，最直觀是分析和研究一個菜系的菜色，食材、香料、烹飪方法是製作一個菜色必不可少的元素。本研究主要選取了香料作為研究對象，原因在於：食材的範圍太過於廣泛而且品種繁多，不具有特殊性，難以體現本研究中的文化擴散現象；而烹飪方法會因人而異，不同的廚師或者家庭主婦會有自己改良的烹飪手法和技巧，其中的差異不具有代表性。研究者選擇香料作為內容分析法的研究對象，是因為在一個菜系中，香料的種類數量有限，而且根據初步資料搜集發現，絕大部分香料並非產自葡萄牙或者澳門，所以選擇香料作為研究對象是合適的。通過閱讀大量書籍和文獻，採用內容分析法把澳門葡國菜常見的香料做出梳理，追根溯源尋找香料的原產地，然後追蹤它們通過何種途徑何種運動對外進行擴散的，以此來驗證香料的文化擴散。

　　本文研究的目的在於探索在葡萄牙殖民歷史背景下的文化傳播的影響。以澳門「土生葡菜」為例，由於澳門擁有特有的歷史殖民背景，現時的澳門是一個中西文化交匯的地方，葡萄牙殖民歷史對澳門的影響體現在各方面，澳門葡國菜更被澳門政府列入非物質文化遺產名單裡面，可見澳門葡國菜在澳門的重要性與特殊性。根據研究背景、研究動機、研究背景、研究問題、查找相關研究以及回顧文獻資料，採用定性研究的內容分析法以及定量研究的問卷調查法，從而擬定了本文的設計思路。問卷調查部分以到訪過澳門的受訪者為研究對象，針對「異國飲食」、「文化形象」、「真實性」、「文化擴散」設計前測問卷，並據此進一步設計問卷「飲食文化與澳門葡國菜的研究」，回收並篩選問卷後經 SPSS 26.0 版統計分析軟體對樣本資料進行信效度分析（reliability & validity analysis）、描述性統計分析、獨立樣本 t 檢驗、方差分析等統計分析方法進行資料的處理與分析。本研究以立意抽樣法對於曾到訪澳門的受訪者進行問卷調查，由受訪者在自願的情況下匿名填寫後回收問

卷，發放問卷 500 份，回收問卷 479 份，回收率 95.8%，其中有效問卷
440 份，有效率 88.00%。

　　信效度分析結果顯示，「飲食文化與澳門葡國菜」量表內部一致性
高，量表信度良好；異國飲食效度分析、文化形象效度分析、真實性效
度分析、文化擴散效度分析、「飲食文化與澳門葡國菜」量表所有題項
之 KMO 值良好為 0.707-0.924 之間，且 Bartlett 球形檢定結果亦達顯
著 p=0.000<0.01，因此，表示量表皆相當適合進行因素分析，可作為本
研究調查「飲食文化與澳門葡國菜」之問卷。

　　背景變項描述性分析方面，如表 6-1 所示，接近九成受訪者曾品嘗
過葡國菜，其中 20-29 歲占比最高，達 57.0%；在受訪者地區分布上中
國內地占 58.4%。在受訪者對葡國菜的了解途徑上去澳門旅遊時吃過比
例最高，占 40.7%；而去葡萄牙旅遊時吃過僅占 7.3%。對受訪者而言，
再次品嘗葡國菜的首要因素是口味，占 29.2%；然後是文化特色和異國
風情，各占 19.2%；其次是食材和烹調方式，各占 17.8%和 13.3%。

　　方差分析的結果顯示，不同背景變項的受訪者就異國飲食、文化形
象、文化擴散及真實性有顯著差異。經由性別 T 檢定分析結果，顯示出
本研究中不同性別之受訪者在異國飲食、文化形象、真實性及文化擴散
均不存在顯著差異。通過單因數變異數分析（ANOVA）及多重比較分析
（LSD）方式，分別就「品嘗葡國菜的經驗」、「受訪者年齡」、「受
訪者地區」三方面進行分析，結果發現：(1)就品嘗葡國菜的經驗而言：
不同品嘗次數之受訪者在「文化形象」層面上有顯著差異，吃過三次及
以上的受訪者顯著沒吃過或吃過一次的受訪者在「文化形象」、「真實
性」層面上顯著高於沒吃過或吃過一次的受訪者。(2)就受訪者年齡而
言：不同年齡之受訪者在「文化形象」、「真實性」上均有顯著差異，
年齡在 20 歲以下及 20-29 歲的受訪者與除 60 歲以上的受訪者外的其他
年齡段均有顯著差異。(3)就受訪者地區而言：來自不同地區之受訪者在
「異國飲食」、「文化形象」、「真實性」上均有顯著差異，在「異國
飲食」來自其他地區的受訪者明顯高於澳門、香港、臺灣及中國內地的
受訪者；在「文化形象」及「真實性」來自中國內地的受訪者明顯高於
澳門、香港的受訪者。

◎ 表 6-1：樣本分布情況

計畫		頻數	頻率
性別	男	148	33.6%
	女	292	66.4%
您品嘗葡國菜的經驗	沒吃過	49	11.1%
	吃過一次	175	39.8%
	吃過兩次	90	20.5%
	吃過三次及以上	126	28.6%
您的年齡	20 歲以下	32	7.3%
	20-29 歲	251	57.0%
	30-39 歲	63	14.3%
	40-49 歲	56	12.7%
	50-59 歲	24	5.5%
	60 歲以上	14	3.2%
您是來自於	澳門	115	26.1%
	中國內地	257	58.4%
	香港	51	11.6%
	臺灣	12	2.7%
	其他地區	5	1.1%
您對葡國菜的了解，主要通過下列哪些途徑	去澳門旅遊時吃過	367	40.7%
	去葡萄牙旅遊時吃過	66	7.3%
	互聯網介紹	147	16.3%
	傳媒報導介紹	105	11.7%
	親友介紹	92	10.2%
	餐廳宣傳	116	12.9%
	其他	8	0.9%
哪些因素可能是讓您想要再次品嘗葡國菜的原因	口味	280	29.2%
	食材	171	17.8%
	烹調方式	128	13.3%
	文化特色	184	19.2%
	異國風情	184	19.2%
	其他	13	1.4%

表格來源：由作者自行繪製

（一）基於異國飲食、文化形象、真實性與文化擴散之相關分析

1. 異國飲食分析

異國飲食這一層次主要是通過受訪者對異國飲食的認同感來表現。從表 6-2 及表 6-3 可以看出，受訪者普遍的態度均值在同意水準以上，這說明受訪者對異國飲食認同感較強。

從表 6-2 及表 6-3 可以看出，受訪者普遍認為澳門「葡國菜」這個菜系或菜式，是值得重視、保存和傳承下去的一種文化，這題平均分達到了 4.36 分，其中 89.8%的受訪者表達了同意；其次是「飲食文化能夠作為一個國家或地方的文化形象」、「旅行是體驗一個國家或地方當地飲食的最佳方式」、「會藉由品嘗異國飲食，來認識一個國家或地方的文化」，這幾項平均分均在 4 分以上；而對「品嘗「葡國菜」可以滿足讓我想了解葡萄牙文化的求知慾和好奇心」的認可度較低，這一選項的平均值為 3.68，雖然這項同意人數依然是占比最高，達到了 44.5%，但其第二個的卻為一般，占比也到達了 35.0%，並且通過標準差 0.804 及偏度-0.175 可以看出，此項受訪者意見較為集中，說明受訪者對此項的接受程度並不如其他幾項高。

🖋 表 6-2：異國飲食統計分析

題目編號	EF1	EF2	EF3	EF4	EF5	EF6	EF7	EF8	EF9
平均值	4.15	4.02	3.85	3.68	3.96	3.88	3.79	4.07	4.36
標準 偏差	.729	.723	.744	.804	.793	.854	.832	.777	.759
偏度	-1.380	-.614	-.315	-.175	-.583	-.677	-.525	-.855	-1.265
最小值	1	1	1	1	1	1	1	1	1
最大值	5	5	5	5	5	5	5	5	5

表格來源：由作者自行繪製

📎 表 6-3：異國飲食頻率統計分析

題目編號	占比類型	非常不同意	不同意	一般	同意	非常同意
EF1	頻率	7	4	34	264	131
	百分比	1.6	0.9	7.7	60	29.8
EF2	頻率	2	8	74	250	106
	百分比	0.5	1.8	16.8	56.8	24.1
EF3	頻率	3	5	127	226	79
	百分比	0.7	1.1	28.9	51.4	18.0
EF4	頻率	2	23	154	196	65
	百分比	0.5	5.2	35.0	44.5	14.8
EF5	頻率	2	16	88	227	107
	百分比	0.5	3.6	20.0	51.6	24.3
EF6	頻率	5	21	96	217	101
	百分比	1.1	4.8	21.8	49.3	23.0
EF7	頻率	4	23	114	218	81
	百分比	0.9	5.2	25.9	49.5	18.4
EF8	頻率	4	9	67	232	128
	百分比	0.9	2.0	15.2	52.7	29.1
EF9	頻率	3	6	40	173	218
	百分比	0.7	1.4	9.1	39.3	49.5

表格來源：由作者自行繪製

2. 文化形象分析

　　文化形象這一層次主要是通過受訪者對文化形象的認同感來表現。從表 6-4 及表 6-5 可以看出，受訪者對文化形象普遍的態度平均值接近同意水準，這說明受訪者對異國飲食認同感較強。

✎ 表 6-4：文化形象統計分析

題目編號	CI1	CI2	CI3	CI4	CI5	CI6	CI7	CI8
平均值	4.13	3.98	3.75	3.88	3.95	3.98	3.88	3.91
標準 偏差	.722	.783	.869	.742	.801	.734	.736	.738
偏度	-.743	-.631	-.486	-.642	-.626	-.453	-.383	-.465
最小值	1	1	1	1	1	1	1	1
最大值	5	5	5.	5	5	5	5	5

表格來源：由作者自行繪製

✎ 表 6-5：文化形象頻率統計分析

題目編號	占比類型	非常不同意	不同意	一般	同意	非常同意
CI1	頻率	2	7	57	241	133
	百分比	0.5	1.6	13.0	54.8	30.2
CI2	頻率	3	11	87	228	111
	百分比	0.7	2.5	19.8	51.8	25.2
CI3	頻率	4	31	116	207	82
	百分比	0.9	7.0	26.4	47.0	18.6
CI4	頻率	4	9	100	251	76
	百分比	0.9	2.0	22.7	57.0	17.3
CI5	頻率	3	15	90	226	106
	百分比	0.7	3.4	20.5	51.4	24.1
CI6	頻率	1	10	87	241	101
	百分比	0.2	2.3	19.8	54.8	23.0
CI7	頻率	1	13	105	242	79
	百分比	0.2	3.0	23.9	55.0	18.0
CI8	頻率	1	14	94	247	84
	百分比	0.2	3.2	21.4	56.1	19.1

表格來源：由作者自行繪製

　　結合兩個表可以看出，受訪者在過去的外出旅行經驗中會把「體驗
嘗試當地飲食」作為行程裡必然安排的一部分，這一題的平均分達到了
4.13 分，其中 85%的受訪者表示同意；其次是「我知道或者曾經聽說過
澳門『葡國菜』這個菜系或菜式」和「我認為澳門的『葡國菜』應該
是一種為了適應澳門當地環境，經過日積月累而衍生出的一種個別菜系
或菜式，有別於葡萄牙當地的飲食文化」這兩項平均分均為 3.98 分接近
4 分；而對「我認為澳門知名甜點『葡塔（Pasteis de Nata）』是葡萄
牙人從家鄉帶來」的認可度較低，這一選項的平均值為 3.75，雖然這項
同意占比達到了 47%，但第二個的一般占比達到了 26.4%，比非常同意
的占比 18.6%還要高，說明受訪者對此項的接受程度並不如其他幾項
高。

3. 真實性分析

　　真實性這一層次主要是通過受訪者是否可以辨別出澳門葡國菜與葡
萄牙葡國菜的區別，以及品嘗這兩種菜系應當在何處品嘗菜式地道來體
現真實性。從表 6-6 及表 6-7 可以看出，受訪者並非可以很清楚地分辨
兩種菜係，而且對於葡國菜能否表現出一個國家或地區的文化特徵的態
度不算強烈，其整體評分是介於一般與認同之間。

　　根據表 6-6 及表 6-7 可以看出，得分最高的題目是：「透過品嘗
『葡國菜』的經驗，讓我從飲食認識到葡萄牙的文化形象」，其平均分
僅 3.85 分，雖然有 72.9%的受訪者表示同意及非常同意，但表達非常同
意的人數差不多是表達同意人數的四分之一，表明受訪者認為透過飲食
體驗來認識一個國家或地區的文化特徵的態度雖然認同，但仍保留意
見；其次是 AU5、AU6 這兩項的平均分接近，在 3.74 以上；然而
AU4、AU2 這兩項平均分在 3.18 以下，其中 AU2 的偏度為-0.071 可見
受訪者意見較為集中，超過半數受訪者不知在澳門「葡國菜」這個菜系
也叫做「土生葡菜」，對澳門葡國菜的代表「葡國雞」這個菜色的認知
比例更低。

✎ 表 6-6：真實性統計分析

題目編號	AU1	AU2	AU3	AU4	AU5	AU6
平均值	3.85	3.20	3.59	3.15	3.75	3.74
標準 偏差	.712	1.130	.854	1.147	.809	.819
偏度	-.416	.071	-.583	.127	-.742	-.689
最小值	1	1	1	1	1	1
最大值	5	5	5	5	5	5

表格來源：由作者自行繪製

✎ 表 6-7：真實性頻率統計分析

題目編號	占比類型	非常不同意	不同意	一般	同意	非常同意
AU1	頻率	1	13	105	254	67
	百分比	0.2	3.0	23.9	57.7	15.2
AU2	頻率	12	147	83	136	62
	百分比	2.7	33.4	18.9	30.9	14.1
AU3	頻率	6	43	122	223	46
	百分比	1.4	9.8	27.7	50.7	10.5
AU4	頻率	14	159	75	132	60
	百分比	3.2	36.1	17.0	30.0	13.6
AU5	頻率	6	23	106	243	62
	百分比	1.4	5.2	24.1	55.2	14.1
AU6	頻率	7	20	117	232	64
	百分比	1.6	4.5	26.6	52.7	14.5

表格來源：由作者自行繪製

4. 文化擴散分析

文化擴散這一層次主要是表達受訪者是否認可澳門「土生葡菜」的形成與葡萄牙葡國菜的文化擴散存在一定的關聯性。從表 6-8 及表 6-9 可以看出，受訪者對於文化擴散的認同感處於一般水準，普遍態度達不到同意的水準。

✎ 表 6-8：文化擴散統計分析

題目編號	CD1	CD2	CD3	CD4	CD5
平均值	3.62	3.70	3.88	3.64	3.89
標準 偏差	.818	.877	.750	.889	.718
偏度	-.647	-.357	-.457	-.519	-.310
最小值	1	1	1	1	1
最大值	5	5	5	5	5

表格來源：由作者自行繪製

✎ 表 6-9：文化擴散頻率統計分析

題目編號	占比類型	非常不同意	不同意	一般	同意	非常同意
CD1	頻率	7	30	131	228	44
	百分比	1.6	6.8	29.8	51.8	10.0
CD2	頻率	4	32	134	191	79
	百分比	0.9	7.3	30.5	43.4	18.0
CD3	頻率	3	8	110	235	84
	百分比	0.7	1.8	25.0	53.4	19.1
CD4	頻率	7	38	125	206	64
	百分比	1.6	8.6	28.4	46.8	14.5
CD5	頻率	1	9	108	243	79
	百分比	0.2	2.0	24.5	55.2	18.0

表格來源：由作者自行繪製

　　根據表 6-8 與表 6-9 可以得出，得分最高的題目是有關澳門的「葡國菜」應該是一種吸收了過去葡萄牙其他殖民地飲食習慣，經過日積月累而衍生出的一種個別菜系或菜式，有別於葡萄牙當地的飲食文化。平均分僅為 3.89 分，其中受訪者表達同意的人數最多，達到了 243 人，非常同意的人數就遠遠小於一般的人數。說明受訪者對這題雖然認同，但仍有保留意見；其次是 CD3、CD2」這幾項平均分均在 3.7 分以上；而

對「我認為，澳門「非洲雞」這道口味偏辣的菜色，是葡萄牙人過去航海殖民時代途經非洲所引進來的，因此得名」的認可度則更低，這一選項的均值為 3.62。雖然這項同意人數依然是占比最高，達到了 51.8%，但認為一般的受訪者已經是非常同意的受訪者的三倍。

（二）葡國菜對比研究

本文通過內容分析法分析研究對葡國菜當中經常使用的部分香料進行追根溯源，查找出它們的原產地以及擴散路徑，更加清晰直觀地體現出葡萄牙人的飲食文化是如何擴散到澳門，然後再與當地的飲食文化相結合形成新菜式。除此之外，還對澳門葡國菜餐廳和葡萄牙葡國菜餐廳的菜單進行對比，用表格的形式加以整理歸納，並根據客觀事實再做分析描述，可以更直觀地看出兩種葡國菜之間的相同菜色和只有某種餐廳才有的獨特菜色，由此可以論證出澳門葡國菜與葡萄牙葡國菜是兩種不同的菜式，解決了人們分不清澳門葡國菜和葡萄牙葡國菜的疑點。

「澳門土生葡菜」這一款在澳門所特有的異國飲食（exotic food）菜式，若從其在不同語言當中的標示和寫法來加以檢視及對比，就會發現箇中的差異性。首先，無論是以英語所稱的「Macanese Cuisine」，或是以葡萄牙語所稱的「Gastronomia Macaense」，在兩種語言當中對於「土生葡菜」菜式名稱所使用的文字，從意涵上都可以看出是意指為「澳門的烹調方式（cuisine）或飲食方式（Gastronomia）」，或可將其譯解為「澳門菜」，且文字當中都沒有使用到任何與葡萄牙相關的字眼。無論是英語或葡萄牙語對於「土生葡菜」的稱呼，都較為客觀地反映出此一菜式源生於澳門的事實，由澳門本地帶有葡裔血統的土生葡人手中所衍生，明顯與葡萄牙菜不同。

然而，從研究者在澳門社會當中所進行的實地觀察可以發現，「土生葡菜」此一菜式在澳門通常會被以中文通稱之為「葡餐」或「葡國菜」，意涵上仍將其視為是「來自於葡萄牙」的「異國飲食」，且常會與原生來自於葡萄牙的「葡萄牙菜式（Portuguese Cuisine / Gastronomia Portuguese）」產生混淆。從研究者的實地觀察可以發現，在澳門大多數

人雖然十分熟悉中文「葡國菜」一詞，但卻會使用「葡國菜」同一詞來同時稱呼「土生葡菜」（Macanese Cuisine）以及葡萄牙菜（Portuguese Cuisine）。

　　另一方面，從研究者對於澳門市面上餐飲業的實地觀察與收集過程當中，發現有許多以中文標示「正宗葡國菜」的餐廳所供應的餐牌菜單內容當中列出的菜名，其實是屬於「土生葡菜」的菜系種類；例如葡國雞、非洲雞、辣大蝦等。這些在中文裡被稱為「葡國菜」的菜餚，事實上都屬於僅會在澳門出現的「土生葡菜」菜色，而非在葡萄牙所見的葡萄牙菜菜色，但卻在澳門被冠以「正宗葡國菜」之名，長期以來讓大多數上門消費的遊客誤以為這些「土生葡菜」的菜色就是葡萄牙菜，反而對於「土生葡菜」一詞感到陌生。以大多數來澳遊客口中澳門最具知名度及代表性的菜色「葡國雞（Galinha à Portuguesa）」為例，事實上在葡萄牙不存在「葡國雞」、「葡汁燴意粉（Spaghetti in Coconut Curry Sauce）」這一類冠以「葡萄牙（葡國）」命名的菜色，這些菜色都是地地道道原生於澳門、僅見於澳門的「土生葡菜」。從研究者在澳門社會當中所進行的實地觀察發現，「土生葡菜」常見的代表菜色，包括了「葡國雞」、「非洲雞（Galinha à africana）」、「乾免治牛肉（Potatoes and Minced Beef）」等較為聞名。這些菜色或許某些菜名或食材種類會與葡萄牙的葡萄牙菜相同，但往往在做法與口味上已經與葡萄牙有所不同。

　　上述的現象，也導致澳門市面上供應「土生葡菜」菜式的餐廳與供應葡萄牙菜難以明顯區別，此一情況也能夠從大多數隨機街訪的遊客反映當中看出，大多數的遊客聽過「澳門葡國菜」一詞，但對於「土生葡菜」一詞則是感到陌生；且大多數遊客不曉得「葡國菜」一詞當中尚存在著葡萄牙菜與「土生葡菜」的差異；同時大多數遊客也表示對於兩者之間的差異感到無從分辨。

　　研究者通過實地考察走訪了澳門範圍內 26 家葡國菜和「土生葡菜」餐廳進行了菜單的收集。實地調查期間，研究者曾到達花地瑪堂區、聖安多尼堂區、大堂區、望德堂區、風順堂區和嘉模堂區對海灣餐廳、利多餐廳、葡多利餐廳等餐廳進行簡短的詢問以及菜單的拍攝。根據澳門旅遊局官方網站葡國菜的資訊、Trip Advisor 裡的餐廳列表排名，以及在

走訪餐廳時詢問店員該餐廳是澳門葡國菜餐廳還是葡萄牙葡國菜餐廳，從走訪的餐廳中分別選擇了具有代表性的五家「土生葡菜」餐廳（分別是：海灣餐廳、利多餐廳、APOMAC、La Famiglia、山度士）和葡萄牙葡國菜餐廳（分別是：葡多利餐廳、葡國美食天地、Fado、Antoni、陸軍俱樂部），對這十家餐廳的菜單進行了整理、對比與分析。從十家餐廳中，選取了該家餐廳的招牌菜、旅遊局和雜誌報刊推薦的菜式以及網路評價較高的菜式進行了對比，發現：葡國雞、咖哩雞、血鴨、燒乳豬飯、咖哩角只出現在「土生葡菜」的餐廳裡，證明了這些菜色是通過葡萄牙人在澳門殖民時期逐漸演變和創作創新的；非洲雞、咖哩蟹、葡式焗鴨飯、葡式燒乳豬、海鮮飯、馬介休球、芝士拼盤、木糠布甸在葡國菜和「土生葡菜」的餐廳裡都出現了。由此發現，「土生葡菜」餐廳的菜色包含了自身的菜色和部分葡萄牙餐廳會出現的菜色，但是「土生葡菜」的特色菜色只會出現在自身餐廳內。如表 6-10 和 6-11 所示（表示該餐廳有該菜色）。

表 6-10：「土生葡菜」餐廳菜單分析

菜色＼餐廳	海灣餐廳	利多餐廳	APOMAC	La Famiglia	山度士
葡國雞	✓	✓	✓		✓
非洲雞	✓			✓	
咖哩雞	✓	✓	✓		✓
咖哩蟹	✓			✓	✓
葡式焗鴨飯	✓	✓	✓	✓	✓
血鴨	✓	✓	✓		
葡式燒乳豬		✓		✓	✓
燒乳豬飯	✓		✓		
海鮮飯	✓			✓	✓
馬介休球	✓	✓		✓	✓
咖哩角	✓	✓	✓	✓	
芝士拼盤	✓				✓
木糠布甸		✓	✓	✓	

資料來源：研究者自澳門各相關餐廳收集後自行整理分析

表 6-11：葡萄牙葡國菜餐廳菜單分析

菜色＼餐廳	葡多利餐廳	葡國美食天地	Fado	Antonio	陸軍俱樂部
葡國雞					
非洲雞				✓	✓
咖哩雞					
咖哩蟹		✓		✓	
葡式焗鴨飯	✓		✓	✓	
血鴨					
葡式燒乳豬	✓		✓	✓	
燒乳豬飯					
海鮮飯	✓	✓	✓	✓	✓
馬介休球	✓	✓	✓	✓	✓
咖哩角					
芝士拼盤	✓	✓	✓	✓	✓
木糠布甸	✓			✓	

資料來源：研究者自澳門各相關餐廳收集後自行整理分析

　　通過餐廳菜單、網路資料匯總出「土生葡菜」經典菜式，並分別列出其主要食材和主要香料。從整理過程中發現，「土生葡菜」的食材豐富、善於運用香料，而且「土生葡菜」的香料裡大部分都是由葡萄牙人在大航海時代發現並帶來澳門的，進一步印證了「土生葡菜」的製作融合了各個地方的香料，使其更具特色、更獨一無二（請參閱附錄）。

五、結　語

　　經過前述的分析與驗證，本研究可歸納出以下結論，茲列出如下：

　　（一）經過問卷調查發現，受訪者對於澳門葡國菜和葡萄牙葡國菜兩個菜系是模糊不清的。結合葡萄牙殖民歷史與香料的內容分析法分析，伴隨著葡萄牙人冒險遊歷世界的足跡，以及他們每到一個地方都會收集那裡的飲食元素，例如香料、食材等，在澳門定居下來後，他們將從自己家鄉帶來的和沿途發現的飲食元素，結合澳門本土的食材、口味

風格和烹飪手法，綜合發揮，推陳出新，形成了獨特的土生美食風味。
澳門葡國菜是一種土生的葡國菜，而在澳門的各種菜色中，澳門葡國菜
是澳門的特色，是因為澳門葡國菜是獨一無二的。澳門葡國菜裡的麵包
含著許多的歷史痕跡，融合非洲、印度、馬來西亞以及本地華人飲食所
用的食材、香料及烹飪手法，展現了一個獨特的發展形式，是經歷四百
多年融會貫通而成的一種飲食文化，也是葡萄牙航海文化的一個重要歷
史產物。澳門葡國菜文化發展至今，不僅受到了葡萄牙文化的影響，也
受到了中國澳門文化的影響。隨著時間的推移，華人的飲食文化隨著環
境與不同的族群相互融合，進而創造出具有特色的地道華人飲食文化，
也就是本研究裡的澳門「土生葡菜」文化。

（二）一個國家或地區的飲食文化中帶有異國文化的風格時，一般
能作為一種飲食文化的吸引力去帶動該地方旅遊的發展。飲食文化能夠
作為一個國家或地區的文化形象，人們也願意藉由品嘗異國飲食去認識
和了解一個國家或地區的各種文化。特有的異國飲食是吸引旅客前來旅
遊的元素之一，許多人認為在當地品嘗的飲食是地道的飲食風格。旅行
與飲食體驗緊密相連，旅行是體驗一個國家或地區當地飲食的最佳方
法，飲食是外出旅行體驗的行程中不可缺少的一部分。通過在當地品嘗
和體驗地道的異國飲食，可以滿足部分想要了解當地文化的求知慾與好
奇心，是作為體驗異國文化形象不可或缺的一部分。澳門葡國菜是葡萄
牙殖民歷史在飲食文化擴散中的體現之一。葡萄牙飲食文化經大航海時
代來到澳門之後，為了適應澳門當地環境，經過日積月累，久而久之衍
生出這樣一個特別而且獨一無二的菜系，除澳門以外的地區是無法品嘗
的，它不僅蘊含著葡萄牙飲食文化，更蘊含著澳門的飲食文化。人們普
遍認為澳門葡國菜是葡萄牙殖民歷史所遺留下來的產物，是值得重視、
保存和傳承下去的一種文化。

（三）葡萄牙人透過大航海的殖民運動，將葡萄牙文化帶到了澳
門，但由於澳門距離葡萄牙相當遙遠，異國文化被接受的可能性會由於
距離遙遠而減小。隨著時間的推移和接受新文化人數的增多，存在於澳
門的革新力量會有選擇性地、積極地吸納外來的葡萄牙文化。革新力量
是在一定空間內的傳播過程是文化擴散的實質，從而促進了文化擴散，

進而衍生出了澳門土生葡人文化。澳門的土生葡人族群有著鮮明的族裔
化意識，飲食文化是促成遷徙族裔飲食習慣在澳門交匯融合的重要因
素，表明了飲食的跨文化交流不是一朝形成的。葡萄牙遷徙者懷念家鄉
的飲食，為了適應當地文化與生活習慣，便利用門檻較低、容易上手的
飲食作為維繫新生活的方法，將家常菜轉化為異國飲食。跨國或者跨地
區品嘗到異國飲食的族裔化飲食並非當代社會才有的現象，經過長時間
的飲食文化交流形成了飲食文化的認同。文化的傳播與融合衍生出獨有
的菜色，澳門是中西文化交融的地方，結合了中西文化的特色，創造出
獨樹一格的菜色，形成了特有的文化形象。

附錄：「土生葡菜（Gastronomia Macaense / Macanese Cuisine）」常見代表菜色

中文菜名	葡國雞
葡文菜名	Galinha à Portuguesa
主要食材	馬鈴薯、洋蔥、乾蔥、大蒜 雞肉、西洋臘腸、雞蛋、黑橄欖
使用香料	胡椒粉、薑黃粉、椰汁（椰漿）、椰絲（椰子粉）、藏紅花（番紅花）

圖片來源：作者拍攝

中文菜名	非洲雞
葡文菜名	Galinha à Africana
主要食材	馬鈴薯、洋蔥、乾蔥、大蒜 雞肉、花生碎、紅椒、酸黃瓜、黑橄欖
使用香料	胡椒粉、薑黃粉、椰汁（椰漿）、椰絲（椰子粉）、非洲鳥眼椒（Piri-Piri）、鮮奶、月桂葉、花生醬

圖片來源：作者拍攝

中文菜名	免治 （有濕、乾兩種做法，圖為濕式）
葡文菜名	Minchi
主要食材	馬鈴薯、洋蔥、乾蔥、大蒜 豬肉碎（絞肉）、牛肉碎（絞肉）、雞蛋
使用香料	胡椒粉、麻油、生抽（調味用）醬油、老抽（上色用）醬油、米酒

圖片來源：作者拍攝

中文菜名	摩羅雞飯
葡文菜名	Arroz Pilauou Mouro
主要食材	雞肉、洋蔥、冬蔥、大蒜 番茄、米飯
使用香料	薑黃粉、月桂葉、丁香

圖片來源：作者拍攝

參考文獻

江柏煒（2013）。戰地生活、軍人消費與飲食文化：以金門為例。中國飲食文化，9(1)，157-194。

余舜德（2016）。食物的「地道」與跨國／跨文化脈絡。臺灣人類學刊，14(1)，1-5。

吳偉文（2012）。臺灣美食國際化與感性美食餐廳。東亞論壇，475，49-60。

周琪、劉緋、張立平、王圓（譯）（1998）。文明的衝突與世界秩序的重建。北京：新華出版社。（Huntington, S. P., 1997）

高郁婷，王志弘（2018）。展演地道：臺北族裔風味餐廳個案研究。地理研究，69，31-53。

張玉欣（2000）。臺南飲食文化初探。中國飲食文化基金會訊，6(3)，22-25。

張玉欣（2001）。花蓮飲食文化初探。中國飲食文化基金會會訊，7(4)，19-22。

張玉欣（2002）。宜蘭飲食文化初探。中國飲食文化基金會會訊，8(1)，26-30。

張玉欣（2004）。金馬澎湖之外島飲食文化。中國飲食文化基金會會訊，10(2)，30-35。

張志成（譯）（2009）。歐洲飲食文化─吃吃喝喝五千年。臺北市：左岸文化事業。（Hirschfelder, G., 2001）

張傑豪（2013）。澳門葡國菜美食作為觀光吸引力之研究。未出版碩士論文，國立高雄餐旅大學，高雄。

莊安祺（譯）（2018）。香料共和國：從洋茴香到鬱金，打開 A-Z 的味覺秘語。（O'Connell, J., 2015）

許蘇民（1989）。文化離析與文化整合。江淮論壇，3，35-40。

陳玉箴（2016）。「地道」的建構：「臺灣料理」在東京的生產、再現與變遷。臺灣人類學刊，14(1)，7-54。

陳柏瑤（譯）（2016）。餐桌上的世界史。新北市：遠足文化事業。（Masakatsu, M, 2006）

陳嫻若（譯）（2018）。辣椒世界史。臺北市：馬可孛羅文化。（Yamamoto,

N, 2016）

陸林（1997）。人文地理學。北京：高等教育出版社。

曾品滄（2013）。鄉土食和山水亭：戰爭期間「臺灣料理」的發展（1937-
1945）。中國飲食文化，9(1)，113-156。

閔惠泉等（譯）（2004）。跨文化傳播。北京：中國人民大學出版社。
（Samovar, L. A., 1991）

馮奕達（譯）（2017）。帝國與料理。新北市：八旗文化／遠足文化事業。
（Laudan, R., 2013）

溫波等（2011）。論差異性社會的文化矛盾與文化整合。江海學刊，2，39-45。

鄒東濤（1999）。文化衝突、文化整合與中國現代化。中國社會科學院研究生
院學報，6，9-18。

熊晶（2011）。淺談跨文化交際中的文化擴散。金田，10，133-133。

鄧之卿（2009）。山居歲月－新竹客家飲食文化及體現。餐旅暨家政學刊，
6(4)，353-377 。

鄧思平（2009）。澳門土生葡人。香港：三聯書店（香港）有限公司；澳門基
金會。

駐葡萄牙經商參處（2014）。葡萄牙漁業發展概況及中葡漁業合作建議。
http://pt.mofcom.gov.cn/article/ztdy/201412/20141200819501.shtml

澳門文化局（2020）。土生葡人美食烹飪技藝。https://www.culturalheritage.mo/
cn/detail/2823/1

盧山園（2016）。值得大力挖掘的澳門土生菜。https://archive.is/20160729150431/
http://www.macaodaily.com/html/2016-07/11/content_1105212.htm#selection-477.1
-477.13

錢今昔、王星（1989）。文化地理學的主題與過程研究。人文地理，(2)，48。

譚昆智（2003）。文化力提升經濟力－21 世紀東莞城市文化形象戰略新思維。
中山大學學報論叢，3，220-227。

蘇恒安（2013）。跨界「混融」－岡山羊肉飲食文化的建構與再現。中國飲食
文化，9(1)，195-238。

Boyne, S., Williams, F. & Hall, D. (2002). The Isle of Arran taste trail. In A. M.
Hjalager & G. Richards (eds.), *Tourism and gastronomy* (pp. 91-114). London,

England: Routledge.

Cabassa, L. J. (2003). Measuring acculturation: where we are and where we need to go. *Hispanic Journal of Behavioral Sciences*, 25(2), 127-146.

Carolyn Heal and Michael Allsop, *Cooking with Spices* (Granada,1983), p.244.

Dimara, E. & Skuras, D. (2003). Consumer evaluations of product certification, geographic association and traceability in Greece. *European Journal of Marketing*, 37(5/6), 690-705.

Frochot, I. (2003). An analysis of regional positioning and its associated food images in French tourism brochures. In C. M. Hall (ed.), *Wine, food, and tourism marketing* (pp. 77-96). New York, NY: The Haworth Hospitality Press.

Gabaccia, D. R. (1998). *We Are What We Eat: Ethnic Food and the Making of Americans*. Cambridge, Massachusetts: Harvard University Press.

Horng, J. S., Liu, C. H., Chou, H. Y. & Tsai, C. Y. (2012).Understanding the impact of culinary brand equity and destination familiarity on travel intentions: *Tourism Management*, 33(4), 815-824.

Hjalager, A. & Corigliano, M. (2000). Food for tourists- determinants of an image. *International Journal of Tourism Research*, 2(4), 281-293.

Hu, Y. & Ritchie, J. (1993). Measuring destination attractiveness: A contextual approach. *Journal of Travel Research,* Fall, 25-34.

Jones, A. & Jenkins, I. (2002). A taste of Wales- Blas Ar Gymru: Institutional malaise in promoting welsh food tourism products. In A. M. Hjalager & G. Richards (eds.), *Tourism and gastronomy* (pp.112-115). London, England: Routledge.

Laudan, Rachel (2013). *Cuisine and Empire: Cooking in World History (California Studies in Food and Culture)*. Oakland, CA: University of California Press.

Long, L. (2004). *Culinary tourism*. Lexington, KY: The University Press of Kentucky.

Mak, A. H. N., Lumbers, M., Eves, A. & Chang, R. C. Y. (2012). Factors influencing tourist food consumption. *International Journal of Hospitality Management*, 31(3), 928-936.

Mannur, A. (2007). Culinary nostalgia: Authenticity, nationalism, and diaspora. *MELUS*, 32(4), 11-31.

O'Connell, John (2016). *The Book of Spice: From Anise to Zedoary.* New York: Pegasus Books.

Quan, S. & Wang, N. (2004). Towards a structural model of tourist experience: An illustration from food experiences in tourism. *Tourism Management, 25,* 297-305.

Richards, G. (1996). The scope and significance of cultural tourism. In G. Richard (ed.), *Cultural tourism in Europe* (pp. 19-45). Wallingford, England: CAB International.

Ryan, C. (1991). *Recreational tourism: A social perspective.* London, England: Routledge.

Sims, R. (2009). Food, place and authenticity: Local food and the sustainable tourism experience. *Journal of Sustainable Tourism,* 17(3), 321-336.

Smith, S. (1991). The supply-side definition of tourism: Reply to Leiper. *Annals of Tourism Research,* 15, 179-190.

Trimble, J. E. (2003). *Introduction: social change and acculturation.* In K. Chun, P. B. Organista & G. Marin (eds.). *Acculturation: Advances in theory, measurement, and applied research.* Washington, D.C.: American Psychological Association.